Johann Friedrich Tanzer, Edmund Kellner

Die Lawine

Ein Volksweihespiel in vier Aufzügen mit Gesang

Johann Friedrich Tanzer, Edmund Kellner

Die Lawine
Ein Volksweihespiel in vier Aufzügen mit Gesang

ISBN/EAN: 9783744631396

Hergestellt in Europa, USA, Kanada, Australien, Japan

Cover: Foto ©Thomas Meinert / pixelio.de

Weitere Bücher finden Sie auf **www.hansebooks.com**

Die Lavine.

Ein Volksweihespiel
in vier Aufzügen mit Gesang

von

Hans von der Schwarzau.

Muſikeinlagen von Edmund Kellner,
Kapellmeiſter am „Apollotheater" in Wien.

Preis 2 Kronen.

Verlag von A. Falk, Wiener-Neuſtadt.
Druck von Franz Schweng, Gänſerndorf a. d. Nordbahn.

Die Lawine.

Ein Volksweihespiel in vier Aufzügen mit Gesang

von

Hans von der Schwarzau.

Musikeinlagen von Edmund Kellner, Kapellmeister am „Apollotheater" in Wien.

Preis 2 Kronen.

Druck von Franz Schweng, Gänserndorf an der Nordbahn.
Verlag von A. Falk, Wiener-Neustadt.

Perſonen:

Strengauer, Bauer.

Sein Weib, Anna (Tochter), Jakob und Guſtav (Söhne).

Paſtor Großmann, Frau und Tochter Herta.

Brügg, Kantor, ſeine Frau und Tochter Frieda.

Lenz, junger Burſche.

Peter (Knecht), Mirl, Magd (ſeine Dirn).

Lind und Fabel (Gewerbsleute), ihre Frauen.

Lärch und Breiner (zwei Aelpler).

Wurl, Wegmacher.

Zwei Burſchen.

Zwei Bauern.

Wirt, Wirtin und Knabe.

Sängerinnen.

Reſi (ſchmuckes Bauernmädel).

Zwei Zwerge.

Bürger und Gemeindeausſchüſſe.

Simerlbauer.

Kinder.

Zeit: Gegenwart. Ort: Bergendorf an der Salzburger Grenze.

———

1. Aufzug.

(Ein geräumiges Zimmer beim Pastor mit Harmonium. Im Hintergrund ein Alkoven, welcher anfangs verhängt ist. Davor ein großer Tisch voll mit Weihnachtsgaben. Links eine Ottomane mit einem Paravent davor. Rechts eine Nähmaschine und eine große Kiste daneben.)

1. Auftritt.

(Frau Pfarrer, die Frauen Brügg, Lind und Fabel ordnen am Tisch die Gaben und nehmen solche aus der Kiste. Herta und Frieda arbeiten bei der Nähmaschine.)

Lind: Na, unsere Aermsten können heuer zufrieden sein! So reich war die Bescherung schon lange nicht. Es haben auch alle gerne gegeben. — Der schreckliche Krieg soll uns unsere Opferwilligkeit nicht einschränken und unseren Kindern die Weihnachtsfreude nicht im geringsten trüben!

Fabel: Unsere Frau Pfarrer ist halt auch unermüdlich im Sammeln.

Frau Pfarrer: Sagen Sie lieber im Betteln! — Mein Gott, herumgeschrieben haben mein Mann und ich ja genug, und die evangelischen Glaubensgenossen hier und im ganzen Reiche tun ja gerne, was sie vermögen!

1*

Brügg (rasch): Mein Mann hat sich auch redlich Mühe gegeben!

Frau Pfarrer: Jawohl, unser Kantor bleibt da nie zurück. Er hat gar viele hübsche Bilder und Malkasten für die Kinder erobert, damit sie auch eine winterliche Zerstreuung haben. Und dann erst die Plage mit dem Einlernen der Lieder!

Brügg: Noch dazu in meinem Zimmer, wobei ich immer unfreiwillig zuhören mußte, wie die Knirpse oft schrecklich falsch quitschten wie die Mäuse — wenn die Wege nicht so schrecklich verweht wären, hätte ich oft gerne Reißaus genommen!

Lind (lachend): Kann ich mir denken! Kann ich mir denken!

Frau Pfarrer: Ach Gott, wenn nur mein Mann nicht zu lange ausbleibt! Ich habe fast Angst. Bei diesem Schneesturm auf die Rentleralm zu steigen, ist nicht ohne Gefahr, und vom Böhmerwald her weht ein scharfer Nordost.

Lind: Na, wenn der Maiböck Toni dabei ist, da kann dem Herrn Pfarrer nichts passieren. Und eine Lawinengefahr besteht jetzt nicht. Ueberhaupt ist seit dem Sechsundsechziger Krieg keine Lawine hier niedergegangen.

Fabel: Wohl, es reden noch alle Leute davon. Es heißt aber allgemein, daß die Bergendorfer Seite so gut verwachsen ist, daß keine Lahn mehr niedergehen kann. Da braucht also die Frau Pfarrer gar keine Angst haben.

Frau Pfarrer: So lange es noch taglicht ist draußen, will ich nichts sagen — aber wenn es dämmert und man die sicheren Pfade nicht mehr unterscheiden kann ...? — Von einer Minute zur anderen sorge ich mich ab mit dem Gedanken: Wenn nur keine dringende Kranken= post kommt.

Brügg: Der Winter ist wohl unser ärgster Feind. (Der Mond ist durch's Fenster sichtbar.) Da sehen, Frau Pfarrer: Heute wird es ganz mondhell — da bleibt es auch in der Nacht ganz taghell draußen.

Frau Pfarrer: Gottlob — doch ein Trost! (Durch's Fenster blickend.) Was ist denn das? Zwei Holzknechte ziehen einen Handschlitten vorbei.

Linde (am Fenster): Ah! Das sind aber keine hiesigen! Was die wohl bringen mögen? Irgend eine Botschaft vielleicht?

Frau Pfarrer: Da muß ich wohl hinaus= sehen! Könnte auch eine verspätete Postsendung für unseren Weihnachtsabend sein. (Ab.)

Herta: Ach, die Mama ängstigt sich wegen der kleinsten Geringfügigkeiten ab! Schließlich ist es doch gewöhnlich nichts und der Papa lacht sie hinterher tüchtig aus.

Brügg: Bei dem heutigen Wetter kommen sonst keine Fremden und müssen auch unsere Tristenbacher Kinder dem Feste fernbleiben.

Herta: Die Aermsten!

Frau Pfarrer: Lassen Sie den Schlitten nur stehen und kommen Sie nur herein, um sich durchzuwärmen.

2. Auftritt.

(Frau Pfarrer mit Lärch und Breiner, die sich an der Türe vom Schnee reinigen.)

Herta: Ach, das sind ja zwei Tristenbacher!

Die Fremden: Grüß Gott! Guten Abend! — Mit Verlaub! Grüß Gott!

Brügg: Grüß Gott! — So spät noch hieher?

Frau Pfarrer: Das tut nichts! Unsere zwei Gäste bleiben bei uns über Nacht! Nicht wahr?

Breiner: Ja — mit Verlaub — wenn wir nit ung'legen sein! Sonst fürchten wir uns vor der Nacht und dem Wetter a nit!

Frau Pfarrer: Nein, nein! Das könnte ich nicht verantworten, daß ich zwei Pfarrkinder jetzt noch fortließe! Setzt euch nur nieder und ich lasse euch ein Glas Tee bringen zum An= wärmen. (Weist ihnen Stühle an.)

Lärch: Unsere Kleinen haben den ganzen Tag geflennt, daß sie heut' nit zum Weihnachts= fest nach Bergendorf gehen können — na — da haben wir zwei uns halt aufgemacht und holen die Geschenke für die Unsrigen in Tristenbach und verteilen sie morgen in unserer Schulstuben.

Frau Pfarrer: Das ist schön von euch! Wir haben hin und her gedacht, wie wir es machen sollten — wir hätten sonst ohnedem mor= gen jemand hinschicken müssen . . .

Breiner: Freili', freili'! Das auch noch, daß wir uns die Geschenke ins Haus nachtragen lassen!

Lärch: Sechs Stunden haben wir heut' gebraucht, wo wir es sonst in drei Stunden dermacht haben. Aber 's Sitzen tut jetzt gut!

Frau Pfarrer: Ruht euch nur gut aus! Ich bringe sofort etwas zu trinken und zu essen. (Ab.)

Lärch: Na, die Frau Pfarrer tut frei, als ob wir ihre Buben wären.

Fabel: Welches ist denn heuer das jüngste Tristenbacher Mädel bei der Bescherung? Hab' nämlich gerade da ein ganz kleines Kleidel und weiß nit, wem ich es zuteilen soll?

Lärch: Bitt' schön, das wär' von mein Brudern, dem Tomerl.

Fabel: Weiß schon, ich kann mich schon erinnern. — Bei dem Tomerl war ja erst vor 14 Tagen eine Doppeltauf, nit?

Lärch (lachend): Ja, ja, ja! Da fahlt sich nix! Sein ein paar starke Zwilling'.

Breiner: Achte haben s' eh schon gehabt! Ja, bei uns in Tristenbach ist alleweil der Segen Gottes daheim!

Frau Pfarrer (stellt zwei Gläser Tee mit Gebäck neben die beiden): So, Leutl, laßt ihn euch recht gut schmecken und den Kuchen dazu.

Breiter: Ist schier zu viel von allem Guten!

Frau Pfarrer: Nur nit viel reden, sondern zugreifen! — Nachher helft ihr uns ein etwas — heuer ist die Bescherung wohl ein wenig kleiner ausgefallen, weil die Gemeinde nichts hergegeben hat.

Lärch: Oho! Warum denn? — Gehören wir Evangelischen ebba nit zu den Steuerträgern in der Gemeinde? Das war 's erstemal, daß ich denk'! — Der Bürgermeister hat ja bislang alleweil einen Teil beigetragen?!

Breiner: Das müßt ja einen ganz besonderen Grund haben?

Frau Pfarrer: Freilich hat es einen, aber einen, der eigentlich keiner ist!

Lärch: Und darf man den Grund auch wissen?

Frau Pfarrer: Na ja — es pfeifen es ja alle Spatzen auf dem Dache — da kann ich es euch ja auch sagen. Der wahre Grund ist der: Der Sohn des Bürgermeisters hätt' sollen katholischer Pfarrer werden und wäre nächsten Sommer schon ausgeweiht worden. Der junge Mann hat es sich nun anders überlegt — und er mag nicht Pfarrer werden. Das gibt großen Verdruß und arges Gerede in der ganzen Gemeinde, und im Aerger darüber hat man im Strengauerhof heuer auf unsere Weihnachtsfeier ganz und gar vergessen.

Lärch: So was! So was! — Seh'n S' Frau Pfarrer, das ist mir nie eingegangen, daß der junge Herr Gustav Geistlicher werden würde, denn er hat immerher ein so freies, leutseliges Benehmen gehabt, war bei allen Lustigkeiten dabei — freilich immer im vollen Anstand — ah ja, das schon! — Er hat sich zu uns Evangeli=

schen grad so gerne zum Wirtshaustisch gesetzt wie zu den Katholischen und hat mit uns diskuriert wie mit allen andern — grad 's Gegenteil von seinem Vatern, der allweil einen großen Unterschied zwischen uns und den Seinigen gemacht hat. — Na — so was! Da ist mir frei ein Stein vom Herzen, daß ich das hör'!

Brügg: Ihm wird ein noch größerer Stein vom Herzen sein, daß er es den Seinigen endlich klipp und klar gesagt hat. Es gehört ein großer Mut dazu — wenn man seine Leut' kennt.

Frau Pfarrer: Ja — und seinen Eltern wird jetzt ein Fels auf der Brust liegen. — Da kann man aber nichts machen. Des Menschen Herz geht seine Bahnen wie — wie eine Lawine, an die sonst niemand denkt.

Fabel: Aber unseren armen Kindern sollt' man auch solch einen Zwischenfall nit entgelten lassen. Das ist nit schön von den Strengaueri= schen!

Lind: Die Frau Bürgermeister tut mir eigent= lich recht leid, wenn ich auch sonst nicht ihres Sinnes bin! — Es sind halt doch getäuschte Lebenshoffnungen.

Lärch: Ah bitt' schön! — Gar so verbissen braucht man nit sein! Wenn unsereins zur Bür= germeisterin kommen ist, hat sie sich jedesmal mit Weihbrunn bespritzt, als ob unsereins ein Gott= seibeiuns wär'! Wir Evangelischen sind doch auch 'grad so gute Menschen wie sie! Ich hab' kein Mitleid mit ihr!

Frau Pfarrer: Des Menschen Wahn ist sein Glück! Lassen wir ihr diesen Wahn! Daß ihr der eigene Sohn diesen Wahn zerstört, ist wohl bitter und schmerzvoll, ebenso schmerzvoll für den jungen Kämpfer um seine persönliche Freiheit. Aber ein Mann, der um seine Ueberzeugung kämpft, ist immer mehr wert, als einer, der gar keine besitzt. (Arbeitet weiter.)

Herta (zu Frieda): Der arme Herr Gustav! — Der wird böse Weihnachten durchzumachen haben.

Lärch: Tut er dem Fräulein Herta so leid?

Herta: Gewiß! — Er hat uns öfter besucht und war dem Papa stets ein lieber Gast.

Frieda (leise zu Herta): Du hast ihm ja schon in der Schule heimlich Brieferln zugesteckt.

Herta (betroffen): Das weißt du noch?

Frieda: O! Ich hab' mich damals stets sehr darüber gegiftet.

Herta: Das waren doch nur Kinderscherze — sonst nichts.

Frieda: Und heute denkst du gar nimmer daran?

Herta: Warum sollte ich nicht daran denken? — Man erinnert sich immer gerne an die Schulzeit.

Frieda (schelmisch): Na — na — na!

Lind: Nun werden wir's gleich haben! — Es ist fast alles eingeteilt.

Frau Pfarrer: Wenn nur auch schon mein Mann da wäre! Es könnte bald losgehen. Die Kleinen nebenan sind schon ungeduldig und haben dann noch einen zum Teil weiten und schlimmen Weg nach Hause.

Bettler (singt draußen):
Halleluja!
Gegrüßt seist du, meine Königin!
Halleluja in Ewigkeit!

Lärch: Das ist ja der Landstreicher Nazl, der nix arbeiten mag! Kommt der gar in den evangelischen Pfarrhof betteln! So ein Kerl!

Frau Pfarrer: Wir wollen da keinen Unterschied machen. (Reicht ihm eine Münze hinaus.) Aus Vergnügen geht der jetzt nicht von Haus zu Haus.

Breiner: Unsere Frau Pfarrer ist halt dennoch ein Engel.

Frau Pfarrer (lachend): Aber einer ohne Flügel und ohne Luftschiff! Hahaha!

Lärch: Richtig ja! Jetzt fliegen ja die Menschen auch schon. Unsere Zeppeline rasseln gar schon nach England hinüber, daß denen drenten schon die Knie schnappern!

3. Auftritt.

(Pfarrer und Gustav dazu. Strampfen außerhalb.)

Frau Pfarrer (eilt zur Tür): Endlich! Mein Mann ist da! (Oeffnet.) Grüß Dich, grüß Dich, Ferri! Oh, Du bringst uns ja einen lieben Besuch mit heim! — Nein — das ist aber eine seltsame Ueberraschung! Bitte nur hereinzukommen und nicht so lange zu putzen. Es ist doch nur Schnee!

Herta (aufstehend): Wie? Täusche ich mich nicht? Das ist doch Herr — Gustav . . . .?

Frieda: Gustav Strengauer?

Brügg (leise zu Linde): So was! Der junge Strengauer kommt um die Zeit ins evangelische Pfarrhaus! Das hat was zu bedeuten!

Pfarrer (eintretend): Haft Dich gewiß wieder einmal halbtot gesorgt. Aber lebendig bist Du noch und das ist die Hauptsach'. — Ja — und hier bringe ich Dir einen Weihnachtsgast. Der Zufall hat uns am Hochsattel zusammengeführt. Herr Gustav mußte wegen der riesigen Schneewehen einen Umweg machen, um nach Hause zu kommen — und so trafen wir uns. Es war aber fast nicht weiterzukommen und so nahm ich Herrn Strengauer mit mir — auf die Gefahr hin, daß ich in Acht und Bann getan werde.

Gustav: Verzeihen, Frau Pfarrer, diese Behelligung meinerseits — aber ich werde doch noch weitermarschieren, wenn ich etwas gerastet habe.

Pfarrer: Für heute ausgeschlossen! — Es ist kein Pfad mehr zu finden. Sie müssen hier bleiben und brauchen es ja daheim nicht zu sagen, daß Sie bei uns Obdach fanden, wenn Sie Verdruß befürchten.

Gustav: Das wäre noch der geringste Verdruß, Herr Pfarrer! —

Frau Pfarrer: Sie bleiben auf alle Fälle hier! Raum haben wir genug im Hause.

Gustav: Dann muß ich mich schon bequemen und mich Ihnen zu großem Dank verpflichten.

Frau Pfarrer: Nur keine Formalitäten, Herr Gustav! Machen Sie sich's recht bequem und ich bringe Ihnen eine Stärkung nach den Strapazen. (Ab.)

Pfarrer: Herta, geh', mach unserem Gaste einen Platz!

Herta (räumt neben sich einen Stuhl ab): O, bitte, Herr Gustav! — Sie können uns gleich bei der Bescherung helfen.

Gustav (sich setzend): O ja, mit Vergnügen! Fräulein Herta! — Was Sie da für schöne Sachen haben!

(Pfarrer spricht mit Lärch und Breiner.)

Herta: Freilich! Freilich! Das wird ein Jubel für die Kleinen werden! — Bei Ihnen daheim ist wohl heuer keine allgemeine Bescherung?

Gustav: So? Das weiß ich selbst nicht, denn ich komme ja eben von der Bahn und war noch nicht zu Hause. Sonst war doch jedes Jahr eine solche Bescherung. Das sollte mich wundern!

Herta (ausweichend): Man sagt, Ihre Frau Mutter wäre unwohl — oder was es sonst sein mag — ich weiß es nicht genau.

Gustav: Ernstlich wird meine Mutter wohl nicht krank sein, sonst hätte man mich doch benachrichtigt. — Freilich fiel mir auf, daß mich in der Station kein Schlitten abgeholt hat, wie es sonst immer geschehen ist — aber ich entschuldigte dieses Unterbleiben mit dem Schneegestöber, in dem die Pferde leicht stecken bleiben könnten. —

Vielleicht ist auch mein letzter Brief noch nicht eingelangt. Sie wissen ja, daß wir im Winter oft sechs bis sieben Tage lang keine Post erhalten.

F r i e d a: O je! Unsere privilegierte Schnek= kenpost.

(Pfarrer sieht bei den Frauen nach.)

F r a u P f a r r e r (reicht Gustav Tee und Ge= bäck und stellt es auf die Nähmaschine): Geh', mach' Platz, Herta! So, Herr Gustav! Durch= wärmen Sie sich ordentlich! Drei Stunden ohne Schneereifen im tiefen Schnee waten — das ist schon eine Leistung, die man nur der Jugend zu= trauen kann.

G u s t a v: Danke! — Jawohl, trotz des schar= fen Windes mußte ich unterwegs den Ueberrock ausziehen, so heiß ist mir geworden. (Trinkt.)

F r a u P f a r r e r: Sehen Sie, sehen Sie! Da brauchen Sie frischen Wärmestoff!

P f a r r e r: Du Frauchen, hier ist alles in Ordnung! Wir könnten die Bescherung allsogleich beginnen.

F r a u P f a r r e r: Natürlich! Wir haben doch nur auf Dich gewartet. (Zu Lärch:) Möchten Sie nicht so gütig sein und mir die Kiste wegschaffen helfen?

L ä r c h: Versteht sich! — Mit Freuden! — Geh', Breiner, pack an! (Stellen sie vor die Türe.)

P f a r r e r (zu Fabel): Und wir tragen den Tisch etwas nach links, damit der Alkoven frei wird.

Gustav (eilt hinzu): Da kann ich doch auch helfen! Der Tisch ist so schwer von den Waren beladen! (Er taumelt beim Tisch.) Helft! Helft! Was ist . . . .

Pfarrer (fängt ihn auf): Schnell Wasser! Wasser!

Frau Pfarrer (mit Glas und Handtuch Gustavs Schläfen befeuchtend): Das ist von der Ueberanstrengung! — Eine Herzschwäche! — Das geht vorüber!

Pfarrer: Natürlich — sonst nichts! — Nur keine Aufregung deshalb! — Bringen wir ihn zur Ottomane! (Es geschieht.)

Linde (zu Fabel leise): Der Arme! Der Arme! Wer weiß, was für Aufregungen er die Tage durchgemacht hat wegen seiner Leute daheim!

Fabel: Jawohl! Das wird's sein! — Na ja — und der Weg schon auch!

Lärch (stehend, zu Breiner): Bin i erschrocken! Wie leicht gleich was geschehen könnt'! — Die Stadtleut' halten nichts aus. Wir sein glei' sechs Stunden gewaten. — Schön langsam und gleichmäßig heißt's halt.

Gustav (erwachend): Wo bin ich — denn? — Was war denn geschehen?

Frau Pfarrer: Sie waren unwohl — ein leichter Ohnmachtsanfall! — Es ist schon vorüber.

Pfarrer: Von der Ueberanstrengung! — Wie gut, daß ich Sie nicht fortgelassen habe. Das hätte Ihnen auch draußen im Sturme passieren können . . . .

Gustav: Aber so plötzlich kam das über mich — wie eine Blendlaterne ist mir's vor die Augen gefahren und dann wußte ich nichts mehr. — Ach ja, ein guter Engel hat mich mit Ihnen zusammengebracht auf dem Hochsattel. Ich danke Ihnen recht herzlich! (Drückt Frau und Herrn Pfarrer die Hand.)

Pfarrer: Wir freuen uns, daß alles wieder gut ist.

Frau Pfarrer: Herr Gustav wird jetzt ruhig auf der Ottomane bleiben. Sie sind noch. immer schwach! Wir beginnen indes die Bescherung.

Gustav: Dann werde ich von hier aus zusehen. Das erquickt mich doppelt.

Pfarrer: Ich rücke den Paravent etwas vor, daß Sie nicht gestört sind und auch die Kinder nicht abgelenkt werden.

Gustav: Zu gütig! Zu gütig! Ich danke nochmals. Lassen Sie sich nun nicht mehr abhalten von der Feier. Ich fühle mich wieder ganz wohl, nur meine Füße sind wie Blei so schwer.

Frau Pfarrer (zu Herta): Geh' in die Küche und bereite Herrn Gustav eine Limonade!

Herta: Ja, Ja! (Ab.)

Pfarrer (stellt ein kleines Rauchtischchen neben Gustav): Hier ist auch eine kleine Tischglocke. Wenn Sie Hilfe benötigen, dann geben Sie ohneweiters ein Zeichen.

Gustav: Es ist wahrhaftig nicht mehr nötig, Herr Pfarrer! Danke vielmals!

Frau Pfarrer: Dann beginnen wir also mit unserer Bescherung. (Sie geht zu den Frauen.) (Pfarrer öffnet links die Türe.)

4. Auftritt.

(Küster Brügg stellt acht bis neun arme Kinder rechts dem Alkoven schräg gegenüber. Er selbst setzt sich zum Harmonium und blättert in Noten; präludiert dann pianissimo.)

Herta (bringt Limonade zu Gustav): So, da bin ich schon! Das wird Sie sicherlich erfrischen, Herr Gustav.

Gustav: O gewiß! Schon deshalb umsomehr, weil Sie mir dieselbe bereitet haben. (Trinkt.) O, die ist herrlich! — Ihre Hand, Herta, muß eine Zauberhand sein. — Es hat mir noch kein Trank so herrlich gemundet.

Herta: Das scheint Ihnen nur so. Sehen Sie, wie gut es war, daß Sie der Papa zu uns gebracht hat. Draußen wären Sie gewiß erfroren. Ach, wenn ich daran denke! — Das Unglück führt doch immer zum Glück!

Gustav: Ja, ja! In meinem Falle ganz gewiß! — Hören Sie nur, Herta: Ich hatte großes Unglück in meiner Familie daheim und wollte überhaupt zu Weihnachten nicht nach Hause kommen. Zuletzt hat mich aber das Heimweh gepackt und dann hab' ich zu spät geschrieben und mein Brief muß noch nicht dort sein, weil mich

2

niemand abgeholt hat. In diesem Unglück traf ich Ihren Vater, der mich hierherbrachte und mir das schönste Weihnachtsfest genießen läßt, das ich je erlebte.

Herta: So? — Das jetzige Fest sollte das schönste in Ihrem Leben sein?

Gustav (ihre Hand drückend): Ja — weil — Sie in meiner Nähe sind und sich so liebevoll meiner annehmen.

Herta (verlegen): Das kann — doch nichts so Besonderes sein? — Ach trinken Sie doch Ihre Limonade — ob Sie Ihnen stark genug ist — oder süß genug?

Gustav: Nur Ihre liebenswürdige Nähe ist es, die mich so feierlich stimmt — ich sehe eine neue Welt vor mir erstehen — jetzt — wo ich mich von dem Drucke einer mir unmöglich scheinenden Existenz losgemacht habe — und so schwankend und haltlos dastand — jetzt ist mir auf einmal, als hätte ich eine neue, schönere Heimat gefunden. Ich war Ihnen immerher gut — aber die erdrückende Idee, ich müßte Pfarrer werden und allem Irdischen entsagen — zwang mich eigentlich, mich Ihnen gegenüber fremd zu zeigen — nun aber ist der schreckliche Zwang dahin — ich bin ein freier Mann wie jeder andere — ach, ich rede zu viel. — Sie werden mir am Ende noch böse — und das möchte ich um Gottes Willen nicht!

Herta: Ach — gar so bösartig und streitsüchtig bin ich denn doch nicht! Wir haben uns schon als Schulkameraden immer gut vertragen

— nicht wahr? Der Kantor spielt schon — nun muß ich zur Feier. Also lauschen Sie recht andächtig und — in einer Weile komme ich nach= sehen, ob Sie etwa noch einer Hilfe bedürfen.

Gustav (küßt ihre Hand): Ich danke Ihnen, Fräulein Herta, für alles Liebe jetzt und — einst — als wir noch Kinder waren!

Lärch (war vom Pfarrer zum Alkoven ge= stellt worden und zieht nach beendetem Präludium den Vorhang zur Seite. Der geschmückte Christ= baum ist sichtbar. — Die Kinder rufen alle: Ah!)

Erster Knabe (tritt vor):
Bei deinem Glanz und Flimmer, o schöner Weih=
   nachtsbaum,
Umfängt uns fröhlich immer ein lieber Him=
   melstraum.
Wir denken an die Zeiten, wo Jesus hier gelebt,
Wo Engel aus den Weiten zur Erde sind ge=
   schwebt
Und Christ hat uns die Liebe so wahr und tief
   gelehrt,
Auf daß sie immer bliebe uns allen treu beschert.
Auch heute hat sie wieder die Christenheit bewegt
Und auf dies Bäumchen nieder das Liebeswerk
   gelegt.
O Vater, segne alle, die deiner Huld vertrau'n
Und laß uns deine Liebe erneuert immer schau'n!

Pfarrer (liebkost den Knaben): Das hast du aber sehr hübsch gesagt! Wer hat dich dieses Ge= dicht gelehrt?

Knabe: Unser Herr Kantor!

Pfarrer: Sehr hübsch! Sehr hübsch! — Da hast du extra etwas für deine Sparbüchse! (Gibt ihm eine Münze.) Bleibe nur immer so brav und gelehrig, dann sollst du einmal ein Herr Lehrer werden oder gar ein Herr Pastor!

Knabe: O ja — das möchte ich schon! Danke schön! — Ich habe ein Glücksferkel als Spar= büchse, da gebe ich auch dies hinein.

Pfarrer: Bravo! Das gehört sich auch! Und nun singet das alte, herrliche Weihnachtslied zum Danke für Gottes Allweisheit, die uns ein so schönes Fest mit seinem reichen Menschlichkeits= empfinden geschenkt hat.

Brügg (spielt nach einigen Akkorden das Lied „Stille Nacht", in das alle einfallen).

Herta (schleicht zum Nähtischchen, entnimmt ein kleines Päkchen mit Rosaband und begibt sich unbemerkt zu Gustav).

Frau Pfarrer (nach beendetem Gesang): Nun tretet eines nach dem andern zu uns und nehmet die Gaben entgegen, die euch der liebe Weihnachtsengel bei uns eingelegt hat. (Die Frauen teilen die Päckchen und Kuchen aus und sprechen mit jedem ein paar Worte. — **Brügg** präludiert leise weiter.)

Gustav (träumerisch): O! Mein lieber Schutz= engel kommt! Ich bin noch ganz in den herzigen Gesang der Kleinen vertieft.

Herta: Es werden soeben die Geschenke ver= teilt — und da wollte ich nicht, daß Sie als unser lieber Gast mit leeren Händen ausgingen

— nehmen Sie — bitte -- dies kleine Angebinde an den heutigen schönen Abend mit! (Reicht ihm das Pakettchen.)

Gustav: O — o! Das ist schier zuviel des Glückes für mich armen Sünder! Wieso konnte das Christkind nur eine Ahnung haben, daß ich hieher kommen würde?

Herta: Vielleicht hat es bloß geahnt, daß Sie wenigstens in erreichbarer Nähe sein werden! -- Sie sandten mir doch auch zu meinem letzten Namenstage so schöne Rosen aus der Stadt!

Gustav: O — daran denken Sie noch! Das ist doch schon bald fünf Monate her! (Guckt in das Pakett.) O o! Eine Brieftasche mit Seiden= stickerei! Natürlich selbst gestickt! Wie fein und reizend gearbeitet! — Das ist zu viel der Güte! Küßt ihre Hand.)

Herta (die Hand entziehend): Ach — gehen Sie doch! Gar nicht der Rede wert! Ich durfte doch nicht Ihr Schuldner bleiben! Und diese Arbeit war mir ein lieber Zeitvertreib! — Mama wollte freilich immer wissen, für wen des gehörte — aber ich war standhaft in der Be= wahrung meines Geheimnisses — schließlich hätte ich es ja sagen können -- aber ich fürchtete Neckereien -- —

Gustav: Ich bin beschämt — ganz beschämt, denn ich kam mit leeren Händen zu Ihnen und Sie beschenken mich — es war so viel Sorge auf mir gelegen in der letzten Zeit — — Sie wissen doch, daß ich gegen den Willen meiner Eltern die Theologie aufgab — — -- und dies alles -- -- weil — —

Herta: Weil Sie ein freier Denker geworden sind!

Gustav (schnell ihre Hand drückend): Weil ich bei meinem Studium immer und immer nur an Sie denken mußte — — ja, ja — so ist es!

Herta (erschrocken): Gott — o Gott! Ich sollte am Ende die Zerstörerin Ihrer Zukunft sein!

Gustav (mutig): Nicht Zerstörerin — nein, die Erbauerin einer schöneren, erhabenen Zukunft sollst — Du sein! Ach, lassen wir das fremde Wort „Sie"! — Dieses Wort hat sich in den letzten Jahren zwischen uns gedrängt — ich weiß selbst nicht wie!

Herta: Und Sie — Du hättest meinetwegen das Studium aufgegeben, um Dich mir gegenüber offen aussprechen zu können? — Wie soll ich das nur verantworten vor mir — vor Deinen Eltern — vor der ganzen Welt?

Gustav: O — das lasse ganz meine Sorge sein! — Ich bin kein unreifer Jüngling mehr, der nicht weiß, was er tut. — Wir sind immer gute Jugendfreunde gewesen und wollen diese alte Freundschaft erneuern und — vertiefen und uns eine neue schönere Welt aufbauen. Ich trage schon lange die Absicht in mir, mich Dir ganz zu bekennen — — nun hat uns Gottes Fügung diesen Weg so unvorhergesehen rasch geebnet —

Herta (sinnend): Geebnet? — Vielleicht nur angedeutet — — o — ich dachte auch so oft an Dich und an unsere Schulzeit hier im Dorfe —

es war mir oft leid, daß sie für immer dahin sein sollte — —

Gustav: Nein! Sie soll nicht dahin sein! Wir wollen sie uns zurückrufen! Wir wollen sie mit junger Kraft herrufen und neue schönere Kindertage verleben!

Herta: Wie zwei große Kinder! —

Gustav (sie umfassend): Jawohl, wie zwei große Kinder! — Die heutige festliche Stimmung hier hat unsere Herzen geöffnet — sie hat uns unser künftiges Glück finden lassen — — Herta! Wir geloben uns ewige Liebe und Treue hier in Deinem elterlichen Hause!

Herta (ängstlich): Mein Gott, wenn man uns belauschte!

Gustav: O — ich scheue die Welt nicht mehr! Sie soll es nur wissen, daß ich nur Dich besitzen und glücklich machen will! (Umarmt und küßt sie.)

Herta: Mein lieber, lieber Gustav! (Pause.)

Frau Pfarrer (neugierig herzu, erstaunt): Aber — aber — Herta! Herr Gustav!

Gustav (führt Herta zur Mutter, gelassen): Verzeihen Sie uns! — Betrachten Sie mich als Ihren künftigen Schwiegersohn und seien Sie uns beiden eine gleich gute Mutter.

(Pfarrer geleitet die Kinder zur Türe. Der Vorhang fällt.)

2. Aufzug.

(Große Bauernstube mit schweren Kasten, feinem Kachelofen und in der Mitte einem schweren Eichentisch. — Rechts vorne ein massiver Schreibtisch.)

1. Auftritt.

Anna (sitzt bei der Nähmaschine, näht und singt):

Ringsum leucht' Schnee und Eis
Hoch von den Firnen her,
Als ob das Edelweiß blüh'n tat umher.
Und a der Lahnwind rollt
Ueber die Almen weit,
Als ob er forttragen wollt'
All' Traurigkeit.

Ist's draußen noch so wild,
Ficht mich kein Trüabsinn an,
Weil ich 'n Schatz sein Bild
Anlochen kann.
Schau ich sein Aeugerl an,
Schwind't aller trüaber Sinn,
Trag' ja im Herzen den
Almfrieden drin.

(Lenz ist bei den letzten Versen leise eingetreten, singt die zweite Stimme mit, lehnt den Stutzen weg, schleicht herzu und küßt zum Schlusse des Liedes die Anna.)

Anna: Ah! — Du Schleichkatz! Mich so zu erschrecken! Bist nit umsonst ein Jager.

Lenz: Dem kein Wild auskommt. Haha!

Anna: Meiner Treu ah! — — Komm mir zeitweis' wirklich auch vor wie ein Wild, das sich von so einem Lutherischen hat einfangen lassen.

Lenz: Geh', Schatzerl, sag' nit Lutherischer! — Du sagst es im Spaß, das weiß ich, aber Deine Leut' nehmen das Wort nur als Schimpf in den Mund.

Anna: Von mir weißt Du ja, wie ich's mein'! Spöttisch g'wiß nit, denn Du bist mir lieber als alle anderen Manner in weit und breit.

Lenz (sie umfangend): Weiß es, Schatzerl! — — Wir zwei verstehen uns, als ob wir in einem Haus aufgewachsen wären. — Wenn nur Deine Leut' den zehnten Teil von Deiner Gerechtigkeitslieb' besäßen, dann gäb's in der Gemeinde kein' Verdruß und Hader zwischen Lutherischen und Katholischen. Du bist ganz Deinem Vetter Reitbauer aus'm Herz gewachsen. Wenn der nit wär', hätten mich Deine Eltern schon längst da hinausgewiesen!

Anna: Oho! So leicht könnt' ihnen das denn wohl nit g'lingen! Da redet ich auch noch früher ein Wörtel drein. — Aber lassen wir das und freuen uns, daß es so weit gelungen ist. Der Herrgott wird auch weiter helfen. Und dieweil lassen wir uns den Almfrieden nit aus'm Herzen reißen. Von gar niemand!

Lenz: Jawohl, von gar niemand! — Das heißt — einer könnt' uns den Almfrieden wohl zerreißen — und wenn es käme — so müßte man frei gerne folgen — —

Anna: Und der wäre?

Lenz: Unser Kaiser! — Er braucht jetzt Soldaten mehr als je! — Bislang bin ich noch nit einberufen, aber wenn es kommen sollte — —

Anna: Dann in Gottes Namen und mit aller Liab und Kraft für unser liabs Vaterland!

Lenz (sie küssend): Wohl! Mit Liab und Kraft für unsern Heimatboden!

2. Auftritt.

(Gustav klopft an der Türe.)

Beide: Herein!

Gustav: Grüß Dich Gott, Schwester! Ah — auch der Lenz da! Das ist schön! (Händeschütteln.) Ich komm' wohl ganz unverhofft, weil mein Brief noch nicht da ist!

Anna: Nein! Wir erwarteten Dich nicht mehr. — Das ist aber recht schön von Dir, daß Du Dich doch aufgerafft hast, heimzukommen.

Lenz: Kann mir's denken, daß es Dir diesmal nit leicht kommen sein wird — — nach Deiner Absag' vonwegen dem Studium.

Gustav: Ja — ja — Ihr seid die Glücklicheren von uns allen! Ihr habt euer Ziel erreicht. — Ihr dürft einander gehören! — Also viel Glück für eure Zukunft! Was mich anlangt, so war ich wirklich arg im Zweifel, ob ich diese Weihnachten nach Hause fahren oder in der Stadt bleiben sollte — — aber daheim ist halt doch daheim — sei es wie immer.

Anna: Der Sturm wird sich wohl noch legen. Uns zweien ist es auch nit leicht geworden, die Zustimmung der Eltern zu erreichen.

Gustav: Es freut mich wirklich, Vetter, daß Du bei uns das Heimatrecht erworben hast — schon um der Schwester willen.

Lenz: Ich dank' Dir, Gustav! Ich weiß, daß es Dir vom Herzen kommt. — Aber jetzt — kannst Du unmöglich vom Bahnhof eingetroffen sein? — So früh geht ja kein Zug?

Anna: Richtig, ja! Daran hab' ich gar nit denkt. — Wo bist Du denn über Nacht gewesen?

Gustav (sich setzend): Da habt Ihr recht. — Ich kam bereits gestern nachmittags an. Der Weg war furchtbar schlecht — kein Schlitten aufzutreiben — und so trabte ich allein fort bis zum Hochsattel. Dort konnte ich fast nimmer weiter und so — (zögernd) — so watete ich den Seitenpfad hinüber zu unserem Vetter Reitbauer — — dort wurde ich sehr gut aufgenommen. — Heute früh habe ich den Weg hieher fortgesetzt. Das war eine Höllentour. Meine Beine zittern mir heute noch.

Anna: Das glaub' ich Dir! — Nun kannst Dich aber gut ausruhen.

Gustav: Ob ich's wohl können werde?

Lenz (ihn auf die Schulter klopfend): Nur Mut, Gustav! Dann geht alles im Leben! — Ich laß Euch jetzt eine Weile allein. Soll zu den Holzknechten nachschauen gehen, die der Vater aufgenommen hat, weil von den früheren die meisten ins Feld eingerückt sind.

Anna: Zu Mittag kommst Du? — Ich richte das Essen auch für Dich.

Lenz (lächelnd): Als Dienstmann von Deinem Vater kann ich schon mithalten. Ich komm' freilich wohl. Pfüat Gott! (Ab.)

Anna: Na, es freut mich wirklich, daß Du da bist. — Aber vom Reitbauern sag' dem Vater nichts. Er mag den alten „Ketzer" — wie er immer sagt — nit recht leiden — er könnt' denken, Du hättest mit ihm Deinen Abfall von der Theologie beschlossen — und das gäb' neuen Verdruß.

Gustav: Ach so! — Nein, nein — ich werd' nichts erwähnen.

Anna: Du warst noch nit bei der Mutter?

Gustav: Wohl! Ich habe ja eben in der Küche mit ihr gefrühstückt. — Sie ist sehr kleinlaut und verschlossen — hat mir aber keine Vorwürfe gemacht. — Ja — ja! Der Vater wird ihr die Hölle heiß gemacht haben, als ob sie etwas dafür könnte, daß ich nicht Priester werden mag! Sie sehen mich wohl beide für einen Apostata an. Da müßte ja jeder Mensch, der nicht Priester wird, ein solcher Apostata sein!

Anna: Leider sind halt unsere Eltern einmal so. — Hör' einmal: Vorige Woche ist die alte

Wirtschafterin unseres Pfarrhofes, die Leni, ge=
storben. — Die hat justement aus Dir einen
Pfarrer machen wollen.

Gustav: So, so! Gott gebe ihr die ewige
Ruhe, die sie eigentlich nicht verdient, weil sie
ihren Mitmenschen keine Ruhe gelassen hat. —
Wie war es denn mit dem Vater, als meine
Nachricht eintraf, daß ich einen anderen Le=
bensweg einschlagen wolle?

Anna: O je! Schön durchaus nit! Kannst Du
Dir denken. — Geschimpft und geflucht hat er die
Tage her, daß es schier nit zum Aushalten war.
— Ich war die einzige, die sich getraut hat, ihm
entgegenzureden. Er hat mich schon fast fort=
jagen wollen. Aber ich bin nit so leicht unterzu=
kriegen. — „Ich hab' hier mein Heimatrecht und
in d' Welt hat e r mich gesetzt und den Verstand
hat mir der Herrgott gegeben und was ich mit
demselben für recht halte, dafür ist der Herrgott
verantwortlich — nit er oder ich" — das hab' ich
ihm des öfteren unter die Nase gerieben. Zuletzt
hat er mich eine verdorbene Ketzerin geheißen.
Ich hab' aber dazu nur gelacht und bin bei
meinem Standpunkt geblieben.

Gustav (ihre Hand drückend): Du bist mein
einziger Schutzengel in diesem Hause. Die Mut=
ter ist zu schwach und ohne eigenen Willen. —
Und der Jakob? Der redet natürlich kein Wort
zu meinen Gunsten?

Anna: Ah — hör' mit dem auf! Der ist ein
falscher Schleicher immer gewesen.

Gustav: Na — etwas mehr Verstand hätte ich ihm doch zugetraut. — — Ich muß Dir ein Geheimnis verraten.

Anna (setzt sich zu ihm): Da bin ich aber begierig.

Gustav: Vorhin hab' ich Dich und Lenz eigentlich angelogen. Das muß ich wieder gut machen. Ich bin nämlich nicht bei Vetter Reitbauer über Nacht gewesen, sondern bei — Pastor Großmann. — Ja, ja! Schau mich nur verwundert an! Es ist so!

Anna: Da hast Du Dich schon hinbestellt gehabt?

Gustav: Nein! Es war wirklich nur Zufall — oder ein sehr glücklicher und ich sehe darin eine Fügung des Schicksals. — Wie ich auf dem Hochsattel fast nicht mehr weiter konnte, sah ich den Pfarrer mit seinem Führer Maiböck kommen. Ich schloß mich ihnen an und der Pfarrer in seiner bekannten Liebenswürdigkeit ließ mich nicht mehr allein weitergehen und so mußte ich mit ihm in den näher gelegenen Pfarrhof und dort übernachten. — Dort fand gerade die Bescherung für arme Kinder statt, der ich beiwohnen konnte. Es war wirklich sehr schön an diesem Abend.

Anna: Bei uns war es leider sehr traurig heuer. Wir haben gar keinen Weihnachtsabend gehabt und sind früh zu Bett gegangen.

Gustav: Das hab' ich fast gefürchtet. — Ach, es war so herrlich in diesem traulichen

Kreise. — Der schöne Gesang und Herta — ja, Herta hat auch mich beschenkt, obwohl sie keine Ahnung hatte, daß ich kommen würde.

Anna: O — das glaub' ich! Die hat ein Aug' auf Dich! — Sie ist ein reizendes Mädchen! Und so lieb und sanft in ihrem ganzen Wesen. — Was hat sie Dir denn beschert?

Gustav (zieht die Tasche heraus): Da sieh'! — Welch feine Arbeit! Wie von Elfenhänden gearbeitet.

Anna: Wahrhaftig! — So was brächte ich nit zusammen! — Na ja — sie war doch zwei Jahr' lang in der Stadt in der Hausfrauenschule. — Weißt Du was, Gustav? Jetzt begreife ich auch, warum Du nit Pfarrer werden magst. Ich mein, Du solltest das einfach den Eltern sagen. Ob früher oder später! Erfahren müssen sie es doch einmal.

Gustav: Nein — jetzt noch nicht! Bedenke: Herta, die Tochter des protestantischen Pastors — und ich! — — Nein, erst will ich mir eine angesehene Stellung schaffen.

Anna: Ich hab' mich ja auch durchgekämpft! Bei uns ist es einmal so hier an der deutschen Grenze, wo wir zur Hälfte Katholische und Evangelische durcheinander wohnen.

Gustav: Dieser ewige Kampf gegen alte Vor- urteile ist ein abscheulicher und für beide Teile verbitternder. — Es ist, dünkt mich oft, als ob wir noch im Mittelalter lebten. Und Christus ist doch das Ideal beider Konfessionen!

Anna: Ja — mein lieber Gustav — wir zwei machen die alte Welt nicht anders. Das müssen wir der Zeit überlassen.

Gustav: Ja — — der Zeit! Und diese All= mutter trippelt leider sehr, sehr langsam einher und sieht grausam zu, wie tausende braver Men= schen unter dem Widerreim alter Vorurteile zu= grunde gehen.

Anna: Da muß sich halt jeder retten, wie er kann. — Schau uns zwei an: mich und den Lenz! Wir zwei haben uns selber gerettet, und zwar mit einem ziemlich großen Sparkassebüchel, das der Lenz von seiner Tant' geerbt hat. Mit dem= selben können wir uns jederzeit selbst irgendwo ein kleines Anwesen kaufen und bewirtschaften. — Das habe ich unserem Vater öfters vorgehal= ten — na — und das hat den Ausschlag ge= geben — und er hat seither nix mehr gegen den lutherischen Lenz — wie er ihn immerher ge= nannt hat.

Gustav: Wahrhaftig, Schwester! Ein sol= ches Büchel ist mehr wert als alle Gelehrtheit der vergangenen Jahrtausende! — — Mit einem solchen kann man alle gesetzlichen und ungesetz= lichen, gesellschaftlichen und ungesellschaftlichen Hindernisse im Leben beiseite schaffen! (Geht auf und ab.) Was helfen einem da alle Studien und Weisheiten, wenn man kein so schmieriges Büchel einer alten Tante besitzt!

Anna: Ja, ja — so ist's, Gustav! — Mit dem muß man sich abfinden!

3. Auftritt.

(Jakob bringt einen nassen Havelok herein und hängt ihn zum Ofen.)

Anna: Ah — Du bist's, Jakob! Bist ja ordentlich naß geworden.

Gustav: Es schneit verteufelt, aber der Schnee zergeht einem am Leib. Es kommt Tauwetter.

Anna: Da schau — der Gustav ist aus der Stadt da.

Jakob (ziemlich kühl): So, so! — — Hab' glaubt, er kommt eh nit. — Grüß Dich!

Gustav (reicht ihm die Hand)· Wegen des schlechten Wetters wollte ich schon nicht heim= kommen.

Jakob (zweifelnd): Wegen dem Wetter? — Früher bist schon bei schlimmerem Sturm von der Bahn heraufgestiegen — mein ich. — Wie lang willst denn bleiben?

Gustav: Vielleicht ein bis zwei Tage — das heißt — so lang' ich nit lästig fall'.

Jakob: Du redest aber spaßig! Lästig fallen! — Bist doch daheim dahier! — Ah ja — jetzt fallt mir ein — Du hast ja doch dem Vater ge= schrieben, daß Du nit Geistlicher werden magst. — Damit hast Dich freilich nit besonders ein= geschmeichelt beim Vater, der für Dich schon eine Masse Geld ausgegeben hat. — Ich wär' froh, wenn ich ein so großer Herr sein könnt'! Da brauchte ich nit alleweil hinter den Ochsen her sein. Bin grad mit einer Holzfuhr aus'm Wald kommen und muß wieder hinein. — Ein Stu=

3

vierter braucht so was freilich nit zu machen. (Ab.)

Anna (nach kleiner Pause): Er paßt ganz zum Vater, der Grobian!

Gustav: Wer weiß, wäre ich nicht viel glück= licher, wenn ich so ein grobgeschliffener Bauer wäre, wie der Jakob. — Mit unserer verfeinerten Bildung kommt man verflucht schwer weiter im Leben.

Gustav: Ich höre sie draußen reden, den Vater und den Jakob. — Jetzt wird er wohl hereinkommen.

Anna: Sei standhaft, aber nicht unfreundlich.

Gustav: Ich hab' wohl nie meine Kindes= pflichten vergessen und werde mich auch jetzt an= ständig benehmen, Anna, Sei unbesorgt.

4. Auftritt.

Strengauer (in Strümpfen und Loden= rock herein): Du, Anna, kümm're Dich drum, daß den Holzknechten rechtzeitig das Essen in den Holzschlag nachgeschickt wird! Ist der Lenz schon hinaus?

Anna: Jawohl, Vater! — Für's Essen werd' ich sorgen. — Da schau'n's, wer gekommen ist!

Gustav (entgegengehend): Grüß Gott Vater!

Strengauer: Ah so — Du bist's! Hab' schon g'meint, es wär' Dir nit der Mühe wert, heimzukommen.

Gustav: O nein! Man geht doch stets am liebsten heimzu!

Strengauer: Nach Deinem letzten Brief mein' ich aber, daß Dir das Vaterhaus kein' Pfifferling mehr wert ist.

Gustav: Da verstehen Sie mich ganz falsch, Vater. Ich schätze alles, was Sie für mich getan haben und noch tun wollten. — Wenn ich dennoch jetzt einen anderen Weg einschlagen will, so muß dieser andere Weg doch durchaus kein schlechter sein.

Strengauer: Na, ich mein', einen besseren Weg kann niemand für Dich ausfindig machen, als ich für Dich ausgesucht habe.

Gustav: Gewiß ist der Priesterberuf ein edler und ehrender! — Derselbe verlangt aber für den katholischen Pfarrer eine vollständige Entsagung auf alle irdischen Freuden, wenn man ihn im Sinne der Kirchengesetze erfüllen soll. Und dazu fühle ich nicht die Kraft in mir. — Nur dem äußeren Scheine nach Priester sein — so eine Art geistlicher Brotsucher -- das widerstrebt ganz und gar meiner hohen Auffassung von diesem herrlichen Beruf.

Strengauer: Das ist ein Gefasel! Können 's hundert andere auch — warum gerade Du nicht? — Du weißt, daß Dich Deine Mutter in schwerer Krankheit der Kirche aufgeopfert hat — — da ist Deine Sohnespflicht, das Gelöbnis Deiner Mutter heilig zu halten — noch dazu, wo es Dir keine Opfer kostet. Die Opfer hab' ich bisher, ich allein getragen und werd's auch weiter bringen, weil ich weiß, was ein Gelübde ist.

3*

Gustav: Wenn's mir aber unmöglich ist!
Und wenn die Mutter selbst auf die Erfüllung
verzichtet, dann verzeiht es uns auch der Himmel.
Das sagt uns schon das Gewissen und dieses ist
die — — Stimme Gottes in uns.

Strengauer: Verrucktes Zeug übereinander!
— Wo hast denn Du die dummen Sachen ge=
lernt? Im Gymnasium oder im Seminar? —
Das möcht' ich wissen, damit ich Deine Lehrer ein=
klagen und 's Lehrgeld zurückverlangen kann.

Gustav: Warum soll ich nicht auch einmal
einen eigenen Herd wie tausend andere gründen
dürfen? — Das ist doch das allgemein Mensch=
liche und Natürliche!

Strengauer: Weil Du das vierte Gebot
halten sollst! Als angehender Geistlicher wirst es
doch noch nicht ganz vergessen haben?

Gustav: Dieses Gebot verlangt keine Un=
natur von uns!

Strengauer: Was für eine Unnatur? Mir
scheint, Du bist übergeschnappt!

Gustav: Nein, nein! Ich habe nur richtig
denken und urteilen gelernt, Vater. Die breite
Masse des Volkes vermag dies leider noch nicht.

Strengauer: Ah so! Und ich g'hör natür=
lich auch zu der breiten dummen Masse, die
noch nit denken g'lernt hat! Was?

Gustav: In übersinnlichen Fragen können
die nicht so bewandert sein wie ich — das ist
durchaus kein Vorwurf. Das sind ethisch=
theologische Studien, mit denen man sich im
praktischen Leben nicht befaßt. — Ich habe mich

aber darin vertieft, Vater! — Ich könnte nur ein idealer Priester sein — oder — ein schlechter. Und zum idealen Priester besitze ich gar keine Neigung.

Strengauer (schlägt zornig in den Tisch): Donnerwetter nochmals! Du willst eba Deinen Vater als einen dummen Kerl hinstellen, der nit weiß, was ein Pfarrer ist? — Das soll der Dank sein dafür, daß ich die Jahre her einen Tausender nach dem andern für Dich ausgegeben hab! Deshalb schmeißt Du mich und Deine Mutter zu der dummen Masse, die nit weiß, was recht und unrecht, was Gesetz und Pflicht ist! — — Da bist Du mir noch viel zu jung, daß ich mich von Dir belehren laß, was ich tun soll, damit es dem Herrn Studierten ange= nehm ist! — —

Gustav: Aber, Vater, verstehen Sie mich doch recht! Ich wollte Sie doch nicht beleidigen oder kränken!

Strengauer: Ich sag' Dir nur das eine· Entweder Du studierst zu Ende wie Du ange= fangen hast oder — —

Anna: Nur keine Uebereilung, Vater! Der Gustav kann ja ein anderer hoher Herr werden mit seinem Studium, wenn er schon kein Geist= licher sein mag. Desweg' muß man ihm nicht den Stuhl vor die Tür' setzen.

Strengauer: Du schweig! — — Vorlautes Maul übereinander!

Anna: Nein, da schweig' ich nit! Da geh' i ehenter in die ganze Gemeinde und erzähl', was Sie für ein Tyrann sein!

Strengauer: So! Da geht's nur gleich alle zwei! Oder noch besser: alle drei! Der Lenz auch mit! Ihr seid's ja eine Kette!

5. Auftritt.

Mutter (herein): Aber, Leut', tut's euch nit so erhitzen! — Heut' noch dazu an Vaters Jubiläumstag! — Der Gustav wird sich die Sach' erst reiflich überlegen und nachher reden wir ruhiger miteinander über die Sach'! — In dem Rummel hätt' der Jakob bald vergessen, daß er heut' ja zur Musterung muß.

Strengauer (betroffen): Meiner Treu auch! Ist er schon fort? Daß er nit zu spät kommt!

Mutter: Er ist gleich mit dem Schlitten nach Kirchdorf gefahren. — Die Dorfburschen sein natürli' schon lang fort.

Strengauer: Na — mit der Jodlereigesell= schaft darf er mir nit fahren! Des hab ich ihm verboten. Er geht ja so wie so frei, weil ich ihn für die Wirtschaft reklamiert hab' und weil — — — Ich muß noch ins Gemeindehaus hinüber. — (Zu Gustav:) Ich hoff', Du weißt', was Du zu tun hast. (Ab.)

Mutter (zu Gustav): Heute redet gar nichts mehr über die Sach,! — Heut, sein es fünf= undzwanzig Jahr, daß Dein Vater Bürgermeister von Bergendorf ist — — das ist ein großer Ehrentag — und den sollt ihr nit mit solchen Streitereien verderben.

Anna: Na ja — der Gustav hätt' gewiß nichts geredet d'rüber, wenn der Vater nit an= g'fangen hätt'.

Gustav (seufzend): Ach ja, Mutter! Der Vater wirft mir vor, daß Sie einmal das Gelübde abgelegt hätten, aus mir einen Pfarrer zu machen! — — Das war ein großes Unrecht — — ja ja — ein großes Unrecht!

Anna: Ganz gewiß ist das ein Unrecht! — Das ist ja, als ob man die Zukunft eines Kindes verhandeln tät — und sein ganzes Lebensglück.

Mutter (betrübt): Das Lebensglück verhandeln — sagst? — (Zu Gustav:) Ich wollt' aus Dir doch nur einen großen angesehenen Mann machen — zu Gottes und der Menschen Ehr' — und hab' gemeint, das müßt' auch für Dich ein großes Glück bedeuten?

Gustav: Für mich wäre es Jammer und Elend — — glauben Sie mir. — Ich kann nur glücklich sein, wenn ich wie jeder andere Mann im Leben schaffen kann, wenn ich ein eigenes Heim mit Familie haben kann — — ich will kein Einsiedler werden oder gar ein Heuchler, der anders denkt und anders spricht.

Anna (stößt ihn): Sag's nur heraus! Sag's nur!

Gustav: Offen gestanden, liebe Mutter, ich habe eine Braut, die ich grenzenlos liebe und ohne die ich nicht leben will.

Mutter (erregt): Ja — wenn das so ist! Wenn das so ist! — —

Gustav: Wohl So ist es und ich bin so glücklich, wenn ich denke, daß dieses treue Menschenkind einmal ganz mein Eigen sein soll?

Jetzt verstehen Sie doch, daß ich nicht Pfarrer werden kann — wenigstens nicht ein katholischer.

Mutter: Gott steh' mir bei! — Am End' wolltest Du gar noch ein lutherischer Pastor werden!

Gustav: Daran denke ich nicht!

Mutter (seine Hand fassend): Wenn es so Dein Ernst ist, Dein heiliger Ernst — Dann nehme ich auch vom Herrgott mein Gelübde zurück! — Denk' aber noch einmal über alles ruhig nach und nachher — in den nächsten Tagen reden wir mit dem Vater darüber. — Vorher will ich Dich über den Punkt nix mehr fragen. — Und jetzt müssen wir die Festtafel herrichten. Es kommen dann auch die Gemeindeausschüsse gratulieren zum Vater. Bis dahin wird ja auch der Jakob von der Musterung zurück sein. — Na ja, er kommt ohnedies frei — der Gemeinderat muß das Gesuch vorlegen und der Vater hat auch schon vorher beim Kommando ein Wort eingelegt, na ja, was täten wir denn, wenn sie uns den Jakob zum Militär behalten möchten?

Gustav: Aufrichtig gesagt, Mutter, das gefällt mir gar nicht, daß man gesunde Söhne vom Militär freibettelt, wo das Vaterland jetzt in so großer Gefahr sich befindet. — Unsere Felder können ja von kriegsuntauglichen Leuten bestellt werden.

Mutter: Das hast Du leicht reden, weil Du keinen großen Sohn hast. Wenn Du Vater wärst, würdest Du ganz anders sprechen.

Gustav: O nein! — Nicht um ein Haar anders! Ich würde einen Sohn, der sich vor den

Soldatenpflichten scheu drücken möchte, zeitlebens
verachten.

Mutter: Na ja — Dich haben sie frei
lassen mit Rücksicht auf Dein geistliches Studium — da kannst Du billig gute Lehren geben.

Gustav: Bei der nächsten Musterung werden
sie mich jedoch umso bestimmter nehmen, weil
ich nicht mehr Theologe sein werde — sie werden mich auch tauglich erklären und ich werde dem
Rufe unseres geliebten Kaisers mit Freuden
folgen.

Mutter: Ach Gott! Was man mit den Kindern für Sorge hat! Und der unselige Krieg
dazu!

Anna: Ja, ja, Mutter, da hat der Gustav
ganz recht! — Das Vaterland geht jetzt allem
andern voran. — Man muß nit gar so eng-
herzig sein und nur an sein gutes Essen und
Trinken und Gelderwerben denken — man muß
auch denken, daß wir dem großen deutschen
Volk angehören, das sich eine schöne Heimat da
aufgebaut hat mit allerlei hohen kostbaren Ein-
richtungen, um die uns die Ausländer neidig
sind und derentwegen sie uns ausrauben und
niederschlagen möchten. — Alles das Große und
Schöne in unserem Vaterland müssen wir zusammen verteidigen und erhalten. — Ein Mensch,
der nur an seine eigenen sinnlichen Genüsse denkt,
ist wie ein Schmarozzerkraut, das sich zwar eine
Weile fettsaugt und hinterher doch von seiner
Umgebung zertreten wird.

Gustav: Seh'n Sie, Mutter, so ist es! Nur
das Mitschaffen und das Mitfreuen an allem

Großen im Vaterland macht uns das Leben erst edel und wertvoll und vergoldet es mit einem stillen Zauber.

Mutter: Das versteh' ich wohl nit ganz — aber es muß doch so sein, sonst könntet ihr beide und viele andere doch nicht so freudig davon reden. — Ich hab' in der Bauernwirtschaft da heraußen nichts anderes gelernt als arbeiten — arbeiten — beten und — schlafen. — Wenn ihr euch ein schöneres Leben aufbauen könnt, so soll es euch herzlich vergönnt sein. Ihr seid ganz anders wie der Jakob. — Aber der Jakob taugt für unsere Wirtschaft wie kein anderer und darum muß er vom Militär frei kommen!

Gustav: Freikommen! Freikommen! — Sa=gen Sie dieses feige Wort gar nicht mehr, Mut=ter. Das ist eine Beleidigung für das ganze deutsche Volk. — Reden Sie fremden Leuten gar nichts davon, daß Sie Jakob freigebettelt haben — es könnte uns alle der öffentlichen Ver=achtung aussetzen.

Mutter: Ja — am End' könnt' man gar noch eingesperrt werden, wenn man seine Kinder gern hat und am Leben erhalten möchte! — So eine Zeit!

Gustav: In Kriegszeiten gehören die Söhne eben nicht den Eltern, sondern dem Vaterlande und — Gott allein!

(Mutter faltet die Hände.)

Anna: Na, Mutter, desweg' nit so traurig sein! — Es stirbt nit jeder, der fürs Vaterland kämpft! Im Gegenteil! Die meisten kommen mit Ehren und Stolz zurück und tragen das

schöne Bewußtsein in sich, daß sie uns Daheim=
gebliebenen mit ihrem Körper beschützt haben.

Mutter: 's ist wohl so! — Aber der Herr=
gott sollt' nit zulassen, daß sich die Menschen
heut' noch wie wilde Tiere zerfleischen!

Gustav: Ja, bei den Menschen ist's gerade
so wie bei den Bienen, die in ihrem Bienenstock
ihr Heimatland besitzen. Ist unter ihnen lange
Friedenszeit, so schleichen sich so viele faule
Drohnen ein, daß die fleißigen Arbeiter bald nicht
mehr genug zum Leben erübrigen können. Die
Drohnen sind aber freiwillig nicht mehr hinaus=
zubringen und so muß dann die Schlacht, die
Bienenschlacht, entscheiden. Bei den menschlichen
Staaten wird es eben eine Menschenschlacht.
Unser deutsches Volk ist der arbeitende Schwarm
und die feindlichen Nachbarn sind die Drohnen,
die uns den Honig wegnehmen wollen.

Mutter: Der Schwefelregen soll sie alle
verbrennen!

Gustav: Gottes ewige Gerechtigkeit ist mit
den Arbeitenden und nicht mit den Drohnen. Er
wird uns zum Siege verhelfen.

Mutter: Und die Drohnen sollt' er für ewig
ausrotten!

Gustav: Auch das wäre nicht gut. Dann
würden die Arbeitenden auch mit der Zeit faule
Drohnen werden.

Mutter: Dann dürften ja die Krieg' gar nie
aussterben? — — Jessas, Jessas, geh' mir mit
Deiner studierten Weisheit! Die führt ab zu nix!
Geh' derweil in Deine Kammer und studier' über
Deine Zukunft reiflich nach und sag' mir nachher

ehrlich Deinen Entschluß. Ich und die Anna wollen dieweil die Festtafel herrichten.

Gustav: Gut, Mutter! Ich will nochmals mein Gewissen erforschen. (Ab.)

Mutter (nimmt aus der Tischlade eine weiße Tischdecke, Bestecke, aus dem Kasten Gläser usw. und richtet mit Anna die Tafel her): So, pack an, Anna! — Hab' mir 'n Vater sein Jubiläum ganz anders, viel großartiger vorgestellt. Na aber — jetzt in der Kriegszeit soll man gar keine großen Feierlichkeiten veranstalten. In Friedenszeiten wäre halt eine Musikkapelle aufmarschiert mit Pöllerschüssen von den Bergen rundum — —

Anna: Ah, was hat der Mensch von solchem Trubel an einem Tag! Vielleicht einen Katzen= jammer hintennach). — 's Schönste dabei ist doch immer das innere Bewußtsein, daß man seinen Mitmenschen nützlich gewesen ist und daß man dafür geehrt und geschätzt ist bis über's Grab hinaus.

Mutter: Ich weiß nit, wie ihr mir vor= kommt, Du und der Gustav! Für euch hat alle= weil die Luft oder das, was in der Luft fliegt, einen Wert! — Da ist unser alter Vater doch noch alleweil viel gescheidter und praktischer und darum hat er sich auch ein schönes Anwesen erworben! Er sagt auch immer: Was die Leute reden oder denken, ist kein' Pfifferling wert. — Man muß überall seinen Vorteil verstehen, das ist es, was einen Erfolg bringt bei allem, was man unter= nimmt.

Anna: An dem Vorteil klebt oft viel Kummer anderer Menschen daran und das bringt auch

keinen Segen. So hat unlängst Paſtor Großmann geprebigt.

Anna: Biſt leicht gar in der lutheriſchen
Kirchen geweſt?

Anna: Ja, mit 'm Lenz.

(Mutter bekreuzt ſich entſetzt; Anna ſummt die
erſte Strophe ihres früheren Liedes.)

6. Auftritt.

Strengauer (ungedulbig herein): Weiß nit,
weiß nit! Noch immer kein Bote da aus Kirch=
bach! — Und ich hab' doch dem Jakob aufgetra=
gen, er ſollt' mir für den Fall, daß ſie ihn nit
freilaſſen bei der Muſterung, gleich einen Boten
herſchicken, damit ich ſelber hingeh'.

Mutter: Dann iſt er halt ohnedem frei, wenn
er keinen Boten ſchickt. Er kommt dann mit den
andern Dorfburſchen zurück.

Strengauer: Na, er geht allein heim —
ſo iſt es ausgemacht. — Und d'rum müßt ent=
weder ſchon der Bote oder er ſelber da ſein!

Anna: So auf die Minuten kann er ſich
das auch nit einteilen.

Strengauer (für ſich): Wenn er mir be=
halten würde, das wär — — Aber der Regi=
mentsarzt hat ja die zweitauſend Mark (Kronen)
von mir angenommen! Er muß ihn mir frei=
machen — — Er kann ja leicht irgend einen
Fehler feſtſetzen. Und dem Feldwebel hab' ich
extra ein gutes Trinkgeld gegeben!

Mutter: Alterier Dich nit, Mann. Der Re=
gimentsarzt wird ſich ſchon einſetzen für den

Jakob — — und der Gemeinderat Eichler red't ja auch für ihn!

Anna: Und wenn sie ihn wirklich behalten täten, so wär' das ja auch nur eine Ehr' für ihn.

Strengauer: Eine dumme Gans bist! Du red' am — Schustersonntag! Eine Ehr' wär' das! Eine Ehr'! Ihr Weibsbilder seht halt nur die Uniform und den Säbel — und weiter reichen eure langen Haare nit!

Anna: Na — der Lenz muß auch zur Musterung, und wenn sie ihn behalten, so werde ich ihm das Herz nit schwer machen, sondern ich werd' ihn ermuntern und aneifern. So ein Kopfhänger hat nirgends ein Glück — und im Felde schon gar nit! Es ist doch schöner, ein Mann zieht mutig ins Feld, als er hockt daheim seiner Mutter oder seinem Weib auf der Kittelfalten! (Ab.)

Strengauer: Gehst nit ausse, Du Wildfang! — Wo nur die das her hat? — Wenn ihr Lenz fort muß und er kommt als Krüppel zurück, dann wird sie schon anders reden.

Mutter (vertraulich): Hat Dir der Regimentsarzt auch sicher versprochen, daß er den Jakob frei macht?

Strengauer: Na ja, wie halt solche Herren schon sein! — Er hat mich freundlich angehört, und wie ich ihm die zwei Tausenderscheine hingelegt hab', da war er sichtlich noch freundlicher, hat das Geld in den Schreibtisch gelegt und gesagt: „Mein lieber Herr Bürgermeister, ich werde tun, was ich kann und was ich darf." — Drauf hat er mir die Hand druckt — na und das ist doch so viel wie Brief und

Siegel. — Die Sach' ist nur die: Bei der Kommission reden auch andere drein, die man früher nit kennt — und deshalb bin ich halt unruhig und hab' mir den Boten ausbedungen.

Mutter: Die wichtigste Person ist halt doch der Regimentsarzt — und der sind't schon ein' Fehler für die zweitausend Mark (Kronen) *) — kannst ganz ruhig sein. — Unser Peter ist ja auch bei der Musterung! Am End' kommt gar der mit einem Buschen heim!

Strengauer: Um den Dodel wär' mir wahrhaftig nit leid! Ist eh nur eine Last im Haus. — Wenn's nit wegen seiner Mutter wär', der ich die zwei Ackerl billig abgekauft und versprochen hab', daß ich ihren Peter als Knecht behalte — er läget schon lang draussen, denn er nimmt sich zu viel Rechte heraus.

Mutter: Na ja, er arbeitet rechtschaffen und verläßlich und seine Dirn, die Mirl, auch. Sie kommen noch alleweil billiger als zwei Fremde.

Strengauer: Da magst Du wieder recht haben.

Mutter: Du Mann, ich hör' reden vor der Türe.

Strengauer: Wenn's mich brauchen, werden sie die Schnallen schon finden!

7. Auftritt.

(Lind und Fabel als Bürger treten feierlich nach kurzem Klopfen ein.)

Strengauer: Herein!

---

*) Die Regie kann Mark oder Kronen gelten lassen.

Beide: Guten Morgen, Herr Bürgermeister!

Strengauer: Grüß Gott! — Das sind ja die zwei Vorständ' von der evangelischen Gemeinde! — Was verschafft mir denn die Ehr'?

Fabel: Wir überbringen im Auftrage unserer evangelischen Gemeinde die herzlichsten Glückwünsche zum 25jährigen Amtsjubiläum und wünschen, daß Sie dieses Amt noch viele Jahre im Frieden mit beiden Konfessionen verleben möchten zu Nutz und Ehr' für alle Bewohner von Bergendorf. — Denselben Wunsch sprechen wir auch im Auftrage unseres Herrn Pastors aus, der in dem schlechten Wetter nicht selbst kommen konnte.

Strengauer: Ich dank' euch und dem Herrn Pastor recht herzlich. — Was mich anbelangt, so tu' ich alles gern, was allen Steuerträgern unserer Gemeinde zugute kommt. Freilich kann ich nicht immer alle Wünsche erfüllen, besonders hier, wo zwei fast gleichstarke Konfessionen beisammen wohnen, die aufeinander eifersüchtig sein.

Lind: Da muß man halt unparteiisch sein.

Strengauer: Das Unparteiischsein ist leicht g'sagt, aber nit so leicht getan, sintemalen ich selber ein strenggläubiger Katholik bin.

Fabel: Mit etwas Geschick und menschlichem Anteil kommt man schon darüber hinweg. Was für den einen recht ist, muß für den andern billig sein. — Wir sind alle schwache Menschen und keiner darf sich einbilden, daß er höher stehe als sein Nachbar. — Der liebe Herrgott macht auch keinen Unterschied zwischen uns da, ob wir Pro=

testanten oder Katholiken sein — aber er ver=
langt, daß wir gut gegeneinander sein. — Wir
sind alle seinen geheimen göttlichen Fügungen
unterworfen. — Man soll jeden in seinem red=
lichen — wohl verstanden: r e d l i c h e n Erwerb
unterstützen. Wenn alle so handelten, dann gäbe
es keine religiösen und wirtschaftlichen Kämpfe
unter uns.

S t r e n g a u e r: Schön und wahr gered't,
Herr Fabel, wie ein Pastor. — Im Leben ist
das halt anders — da ist jeder sich selbst der
Nächste.

F a b e l Durchaus nicht! Von dieser veralteten
Auffassung kann uns nur die höhere Bildung
abbringen. Und darin kommen wir ja heutzutag'
schon vorwärts, wenn auch recht langsam. —
Da müssen eben die Weiseren mit gutem Beispiel
vorangehen. (Mit Humor:) Sehen Sie, Herr
Bürgermeister, da können Sie heute an Ihrem
Jubiläumstag' ein glänzendes Beispiel von Ihrer
höheren Auffassung geben.

S t r e n g a u e r: Wie meinen S' denn das?

L i n d: Das ist sehr einfach! — Wir brauchen
nämlich ein paar Quadratmeter Grund zum Neu=
bau unseres Pfarrhauses. — Das alte grenzt an
Ihre Wiese, wie Sie wissen. Da könnte der Herr
Bürgermeister unserer Kirchengemeinde — gegen
Bezahlung natürlich — die fehlenden Quadrat=
meter überlassen und wir würden Sie außerdem
als Wohltäter hochschätzen.

S t r e n g a u e r: Was euch nit einfällt! —
Das geht nit! Was würde da meine Kirchenge=

4

meinde dazu sagen, wenn ich den Evangelischen
zu einem neuen Pfarrhaus verhelfen täte? — —
Na na na! — Zu jedem anderen Zweck könntet
Ihr Grund haben, aber zu dem nit!

(Frau Strengauer und Anna, mit der Tafel
fertig, gehen ab.)

Lind: Wär' denn das gar so etwas Schreck=
liches? — Die katholische Gemeinde hat dadurch
doch nicht den geringsten Schaden!

Strengauer: Lassen wir das! Das geht
ein für allemal nit! — Jedes Wort umsonst!

8. Auftritt.

Förster (im Jagdkostüm, tritt ein): Mein
Klopfen hat niemand g'hört — so geh' ich gleich
so herein. — Guten Morgen, Herr Burgermaster!
(Reicht ihm die Hand.) Meine herzlichste Gra=
tulation zu Deinem 25. Jubiläumstag! — Da
steh'n ja schon Gratulanten. Und ich hab' wollen
der Erste sein! — Guten Morgen, Lind und
Fabel! — Aber Deine Gemeindeausschüss' sind
noch nit da!

Strengauer: Ja — die! Die sind's von
den Sitzungen her g'wöhnt, daß sie immer zu
spät kommen. — Dieweil hab' ich mit den Herr'n
da eine vertrauliche Haussitzung abgehalten.

Förster: So? — Und was war denn die
Tagesordnung?

Lind (zum Förster): Kannst uns aus der
Not helfen, Förster! — Wir möchten dem Herrn
Burgermaster ein Stückl Grund abkaufen zum
Bau unseres neuen Pfarrhauses — — und der

gestrenge Herr Burgermaster will kein' Meter breit hergeben. Red' Du ein Wörtl für unsere Gemeinde.

Förster (sieht, daß Strengauer abwinkt): — Ja — das geht wohl freilich nit — — von= wegen der katholischen Gemeindehälfte. — Und dann — was wurd der Herr Graf dazu sagen! Er ist doch der Patronatsherr über die katholische Kirche von Bergendorf.

Fabel: Unser Herr Graf wurd kein Wörtl dagegen sagen, denn er ist ein sehr human den= kender Mann.

Förster: In dem Punkt aber sicherlich nit!

Fabel: Entweder man ist human in allen Sachen oder man ist es überhaupt nit! Das ist mein' einfache Meinung! Wenn wir mit unserer angeblichen Humanität nit weiter sein, dann be= graben wir lieber unsere 200jährige Kultur und gestehen offen, daß wir g'rad dort sein, wo die Buschmänner in Afrika stecken!

Strengauer: Mit dem Hin= und Hergerede kommen wir nit weiter! Ich muß mich nach der Mehrheit der Bewohner richten — das ist meine Pflicht und so ist's auch recht. — Streiten wir nit und reden wir von was anderem! Setzt's Euch zur Tafel auf ein Glas Wein.

Förster (sich setzend): Jawohl, das bringt gleich einen anderen Hamur in die Gesellschaft. Kommt's her da auch und laßt das evangelische Pfarrhaus steh'n wie's steht! Es regnet noch lang nit hinein und euer Pfarrer sitzt eh im Trockenen! — Du erlaubst schon, Burgermaster! (Schenkt ein.)

4*

Strengauer: Tu', als ob Du daheim wärst!
Lind und Fabel setzen sich zögernd.)

(Toni und Peter, als Rekruten geschmückt,
singen angeheitert zur Türe herein.)

8. Auftritt.

Strengauer: Na — so ein Heidenlärm!
Das — das möcht' ich mir denn doch in mein'
Haus — — Ja — der Peter und der Grichen=
baum Toni! Und alle zwei mit einem Buschen
als Rekruten! — Daß s' aber Dich g'halten hab'n
(zu Peter:), Dich mit dem, mit dem verlorwer=
kelten G'stell'! — Du machst unser'm Vaterland
g'wiß eine große Schand'!

Peter (stolz): Oho! Ich und eine Schand'
machen! Haha! Das werd' ich schon zeigen, was
ich kann! — Mich haben's zu den kaiserlichen
Leibkutschern genommen — jawohl, da kann der
Herr Velter schau'n, wie er will! Gelt Toni!

Frau Strengauer (herein): Ja, da trau
ich doch mein' Augen nimmer! Unser'n Peter
haben's g'halten!

Peter: Wohl, wohl, Frau Mutter! Und zu
die kaiserlichen Leibkutscher!

Förster: Geh', Du Narr! Beim Militär
gibt's gar keine kaiserlichen Leibkutscher!

Peter: Na, was denn! Der Herr Kommissär
hat doch g'sagt, ich muß beim Train kutschieren!
Und der Train ist doch ah kaiserlich! — Der Re=
gimentsarzt hat zuerst g'meint, ich hätt' einen
Kropf und Plattfüss' und wär' nit tauglich, aber
der Herr Oberst hat d'rauf g'sagt: Der Mann

kann mit den Rössern gut umgeh'n — der kommt zum Train — tauglich! — — Und der Toni da, kommt ah zum Train! Juhu!

T o n i: Jawohl, wir gehen mitsammen zum Train! Wir werden schon schauen, daß unsere Leut' draußen im Feld alleweil g'nug Gollasch und Brot nachg'schoben kriegen, und wenn wir uns selber dazu anspannen müssen!

F ö r s t e r: Sehr wacker, Toni! Sollst leben! (Reicht ihnen das Glas zum Trinken.)

P e t e r: Unser Kaiser soll leben und der kaiserliche Train!

S t r e n g a u e r: Und die kaiserlichen Leib= kutscher! Hahaha!

M i r l (stürzt heulend herein): Mein Peter! Mein Peter! — — Du sollst ah ins Feld! Was fang ich nachher an? O du mein! — Wenn's Dich ebba erschießen — — was fang' ich nachher an? O du mein!

P e t e r: Wenn die Russen herschießen, dann schieß ich mit der Gollaschkanon z'ruck! — Ver= standen!

M i r l: Dann — — ertränk' ich mich auf der Stell'!

P e t e r: Ist ein schlechter Schad' um so ein flennendes Weibsbild! — — Geh' weg da, ich bin jetzt ein Kaiserlicher!

M i r l: So? — Und da wär' ich Dir jetzt am End' gar zu g'ring! — — Früher war ich Dir aber alleweil gut gnua!

F r a u S t r e n g a u e r: Laß ihn reden, den Peter! Er hat ja ein Schwips! — — Geh' der= weil zu Deiner Arbeit.

Mirl: Na, na, mich g'freut keine Arbeit mehr! Ich geh' ah mit in den Krieg! Ich nimm dem Herrn Vetter sein' Stutzen — ich kann auch gut schießen — und geh' auch mit gegen die Russen.

Peter: Ja, gut schießen kannst schon — aber lauter Böck'! — Aber wenn Du mitgeh'n willst — dann kauf' Dir einen Pinkel Heft= pflaster und eine rote Binden — dann kannst als Pflegemadam hinten nachlaufen — hahaha! Und wenn einer von uns einen Klescher erwischt, dann kannst ihn wieder zusammenpicken!

Mirl (umarmt Peter): Ja, ja, ja, Peter! Ich schau' nur auf Dich, und wenn Dir was pas= sieren sollte, dann flick' ich Dich sauber wieder z'samm'!

Peter (zu Toni): Sakradi, das hätt' ich ihr nit sagen sollen! (Zu Mirl:) Und wenn Dich aber die Russen aufhängen, was dann? Die hängen nämlich jeden auf, den sie erwischen!

Mirl: Dann — dann häng' ich wenigstens neben Deiner, denn ich geh' keinen Augenblick von Deiner Seiten!

Peter: Schaut mir die Kletten an! — Na, na! Du bleibst da bei unserer Frau Mahm! Sie braucht Dich viel notwendiger. Uns erwischen die Russen nit, weil wir mit den Gollasch= kanonen weit hinten bleiben! — Und wenn ich z'ruckkomm', dann bring' ich Dir ein paar g'selchte Russen mit als Andenken.

Mirl (lächelnd): Ja — die iß ich eh gern. — Aber da bleib' ich nimmer — na un kein'

Preis der Welt! — Ohne mein' Peter g'freut's mich da auch nimmer!

Frau Strengauer: Bist aber ein Tschapperl! Geht Dir doch gut bei uns!

Mirl: Na — na! Ich geh' nachher weit fort von hier! Da könnt' ich's nit aushalten!

Strengauer (gibt Peter eine Münze): Da hast Peter! Heut' sollst einen freien Tag haben und einen Extragulden dazu! Besauf' Dich aber nit!

Peter (besieht die Münze): Mit dem Dingerl da? — Na, na, da braucht der Herr Vetter keine Sorg' haben.

Mirl: Und ich geh' fort! Mich g'freut keine Arbeit mehr! Ich geh' mit 'm Peter!

Frau Strengauer: Dann seid's halt alle zwei heut aus unser'm Dienst entlassen. Wann's aber später wieder einmal z'ruckkommen wollt's, so steht euch meine Tür offen. — Waret ja immer her brav und fleißig!

Mirl (flennend): Und wenn's mir den Peter nit erschießen, so bring' ich 'n wieder daher z'ruck.

(Peter faßt Mirl um die Mitte, sie singen:)

So nehma halt 's Pinkerl und raf' ma' in
    d' Welt,
Die G'wander sein z'rissen und z' End' ist das
    Geld.
Ich war der Dodel und Du warst der Tepp,
Die Halterbub'n hab'n uns nur g'hanselt: Hepp,
    hepp!

Das Essen und Trinken war alleweil guat
Und mir hab'n ah g'schlafen wie's. kerng'sunde
　　Bluat.
Hiazt geh'n wir halt weiter, in ein fremdes
　　Revier —
Mir sein an paar Teppen — kann kein's was
　　dafür! Holaredulie!

Peter: Juhuhu! — Komm', Toni! Hiazt
geh'n mir's nussen die saublöden Russen! (Wollen abgehen, bleiben aber staunend stehen.)

9. Auftritt.

(Jakob schleicht niedergeschlagen, den bekränz-
ten Hut in der Hand, ein zerknülltes Sträußlein
an der Brust, herein und läßt sich hinten verzweifelt nieder.)

Frau Strengauer (stürzt auf ihn, von
Strengauer gefolgt): Jakob! Jakob! Dich sollten
sie auch behalten haben? — — Wie wär' denn
das möglich?

Strengauer: Ja, Himmel und Element!
— Du bist wohl betrunken und die andern haben
Dir aus Bosheit die Maskerade da umgehängt?
So red' doch!

Jakob: Ich — bin — ganz — nüchtern —
Vater! — — Ja, ja — sie haben mich ganz genommen — — zu den Gebirgsschützen komm'
ich — soll ich gehen.

Frau Strengauer: Hat denn der Himmel
gar kein Einseh'n! Ach Gott, ach Gott!

Strengauer (schlägt die Hände zusammen): Aber Mensch, wie kann denn das nur sein? Hat denn der Gemeinderat nicht geredet für Dich, wie ich ihm geheißen hab'?

Jakob: Jawohl — er ist eine Weil' beim Regimentsarzt gestanden — Dr. Höblinger heißt er —, zuletzt hat ihm der Dr. Höblinger ein Briefel in die Hand druckt — da ist's, er hat mir's mitgegeben für Euch. (Gibt ihm den Brief.)

Frau Strengauer: Na alsdann! Das wird's schon sein! Die Befreiung!

Strengauer (zur Frau): Wozu hätt' er denn die zwei Tausender genommen! — — Her damit!

(Peter lauscht.)

Strengauer (liest vor): Herrn Bürgermeister Franz Strengauer! Die Leitung des Zentralvereines vom „Roten Kreuz" spricht Ihnen, hochverehrter Herr Bürgermeister, für die wahrhaft patriotische Spende von zweitausend Mark (Kronen), welche Sie zu Handen des Herrn Regimentsarztes Dr. Höblinger erlegt haben, den wärmsten Dank und die vollste Anerkennung aus. (Fährt sich in die Haare.)

(Gustav tritt ins Zimmer.)

(Peter geht zur Mirl und erklärt ihr den Brief.)

Frau Strengauer (verwundert): Ja — gar fürs Rote Kreuz hast Du auch zwei Tausender gespendet und dennoch haben sie uns den Jakob genommen?

Strengauer (zu ihr leise): Na — na! Der Dr. Höblinger hat das Geld einfach ohne mein Willen dem Roten Kreuze gegeben und für den Jakob kein Wörtl geredet!

Peter (hinten, für sich): Ja, der Dr. Höblinger hat halt nit Dr. Mandelbaum g'heißen! (Macht schadenfrohe Grimassen.)

Gustav (tritt zu den Eltern): Warum denn gar so verzweifelt sein, wenn es gilt, unserem Vaterlande ein Opfer zu bringen! Jakob wurde vom Kaiser gerufen und muß diesem Rufe folgen, und da soll man ihm den Schritt nicht noch schwerer vormalen, als er in Wirklichkeit ist! — Seht unseren einfachen Peter an! Ich würde es als eine Schmach empfinden, hier mit gesunden, starken Armen zurückzubleiben, und so erkläre ich euch, meine lieben Eltern, daß ich nicht zum Studium zurückkehre, sondern freiwillig des Kaisers Rock wähle!

(Jakob rafft sich auf, schleudert den Hut in den Winkel und geht hinaus.)

(Strengauer sieht ihn betroffen an.)

Frau Strengauer: Gustav, Du willst uns auch verlassen? — Der Jakob fort — und Du fort — und der Peter fort — was soll es da werden mit uns?

(Zwei Gemeinderäte mit einem kleinen Lorbeerkranz hinten, herein.)

Strengauer (schreiend): Ja — ist denn die ganze Welt verruckt worden? — Muß man sich um sein Vermögen und um seine Kinder bestehlen lassen und es gibt kein Gericht dagegen? (Setzt sich bebend nieder.)

Gustav: Es mag wohl sein, daß diejenigen, welche den Weltkrieg angestiftet haben, ganz niederträchtige Kreaturen sind — aber wir als die Ueberfallenen müssen uns nun mit allen Mitteln zur Wehre setzen und den internationalen Verbrechern zeigen, daß die Gerechtigkeit zu siegen versteht.

(Frau Strengauer verhüllt sich das Antlitz.)

Peter (faßt Gustavs Hand): So ist's Herr Gustav! — Du gehst zu den vorderen Kanonen und ich zu den hinteren und wir werden dem Lamlackerten da (zeigt auf Strengauer) zeigen, was wir imstand sein! (Faßt auch den Toni und sie ziehen singend hinaus: „Lieb' Vaterland magst ruhig sein — ---")

(Vorhang fällt.)

Dritter Aufzug.

(Gasthaus=Gartensalon, hinten Ausblick auf den schneebedeckten Berg. Links das Gasthaus, Mitte kleine Tischchen, rechts eine große, ge= schmückte Tafel.)

1. Auftritt.

(Zwei Bauern und Wirt sitzen beim Tischchen und plaudern. Draußen hört man verhallend singen: „Wann ich auf d' Alma geh".)

Erster Bauer: Schau, schau! Ehvor noch der Schnee weggeht, fangen die Buben schon zu balzen an. Gegen alle Krankheiten hat man heutzutag' schon ein Kräutel g'funden, aber gegen die Balzerei noch kein's.

Wirt: O ja — es gibt schon ein Kräutel, das auf einer Stauden wachst — der Haslinger.

Zweiter Bauer: Hahaha! Aber das Kräu= tel wird halt neamd einnehmen wollen! — Den Kriegsmachern sollt' man es aber siedend eingießen.

Wirt: So ist's! Da machet unser Kräutler= seppl ein glänzendes Geschäft. (Singt:)
Im Wald draußt sucht der Kräutlerseppl
Und find't da Kräuter mancherlei:
Schön' Arnika, ein ganzen Buschen —
Haut einer d' Finger sich entzwei;
Für's alte Mutterl hint' im Stübel
Ist Thymian glei' ah dabei.
[:Er find't für alles fast ein Kräutel,
Nur für die Dummheit halt kein's!:]

Hiazt kommen schon aus allen Ländern
Zu ihm die Kranken, leicht und schwer:
Der Vetter Grey hat schlechte Augen,
Und sieht kein einzig's Schiffel mehr —
Franzos und Ruß hab'n d' Haxen brochen
Und woll'n a Wunderkräuterschmer. (Reibt die
    Stirne.)
    [:Der Seppl find't für all's a Kräutel,
    Nur für die Dummheit halt kein's.:]

Zuletzt hat gar der Katzelmacher
Dem Seppl g'schrieb'n a lange Klag':
Er brauchet Kräuter gegen 's Ersaufen
Und eins gegen starken Bombenschlag —
A dritt's noch geg'n den scharfen Nordwind,
Den er schier nit derleiden mag.
    [:Der Seppl find't für all's a Kräutel,
    Nur für die Dummheit halt kein's.:]
(Nimmt die Gläser der Gäste. — Ab.)

Erster Bauer: Halt! Halt! — Kein Wein
mehr! Der Dokta hat mir g'sagt, im Wein stecket
a so eine neue Krankheit — die heißt Al — Alko
a was weiß ich!

Zweiter Bauer: Was verstehen denn die
Doktor'n! — Der Wein ist g'sund und d'rum
trinken wir noch ein! — Die Jungen sein
bald alle fort, so müssen wir Alten dazu schauen,
daß unser Wirtsgewerbe nit zugrund geht. —
Das ist doch auch patriotisch.

Erster Bauer: Das mein' ich a — zumal,
wenn Du fest zahlst. Hahaha! Schau Dir die
feine Tafel an da, die für die Strengauer Anna

und für ihren Lenz herg'richt' ist. Heut' kannst einmal a eine Kriegstrauung seh'n, weil nämlich der Lenz a einrucken muß.

Zweiter Bauer: Was wär' denn da für ein Unterschied?

Erster Bauer· Na — daß die Eltern nicht g'fragt werden, ob's ihnen recht ist oder nit und daß die Aufgebote erlassen werden, damit es schnell gehen kann.

Zweiter Bauer: Ah b'rum! Sonst hätt' der Strengauer g'wiß nit eingewilligt, in die Trauung, denn der Lenz ist doch ein Lutherischer.

Erster Bauer: Na — na — in der letzten Zeit ist er ganz besonders nachgiebig g'worden — b'sonders, seit sein Jakob zum Militär behalten worden ist. Er hat g'meint, er müßt' ihn um jeden Preis frei kriegen — aber in Kriegszeiten ist halt a so ein Landburgermaster eine — Null.

Zweiter Bauer (heimlich): Sag' mir, Nachbar, man munkelt so viel, daß der Jakob auf und davon wär' — daß er desertiert wär', damit er nit einrucken müßt'?

Erster Bauer: Hab' schon so reden g'hört — aber vorderhand will ich's nit nachreden — man tut oft einem unrecht auf die Weis'. Fort ist er wohl, ob aber nur auf Besuch zu Verwandten — das weiß ich nit.

Zweiter Bauer: Man halt oft jemand für ehrlicher als er ist.

Erster Bauer: Der Jakob ist sonst immer ein rechtschaffener Mensch g'wesen. Daß ihn die

Angst vorm Militär gar zum Deserteur g'macht hätt', kann ich frei nit glauben und faſſen.

Zweiter Bauer: Aber ein Gendarm war da nachforſchen, und der alte Strengauer hat g'ſagt, er wär' nur zu den Verwandten g'fahr'n, ſich verabſchieden, er müßt' jeden Tag z'ruckkommen und er würd' ihn ſelbſt bringen. — Das iſt eine dumme G'ſchicht' und der arme Wegmacher Wurl hat ſich müſſen deswegen ſchon einſperren laſſen — —

Erſter Bauer (lächelnd): Weil er herumgeſagt hat, unſer Burgermaſter hätt' den Regimentsarzt beſtechen wollen. — Daß er a ſo einen Unſinn weiter erzählen mag! — Wenn alles wahr wär', was die Leut' zuſammenreden, o je — da ſchauet es traurig aus auf der Welt!

Zweiter Bauer: Aber noch trauriger, wenn man alles beweiſen könnt', was man nur halb und halb erfahren kann und was doch wahr iſt.

Wirt (ſtellt ihnen Wein hin): So, da habt's einen friſchen Tropfen aus 'm Keller!

Erſter Bauer: Deine Hochzeitsgäſte' ſollen leben! (Trinkt.)

Wirt: Ja — das iſt freilich ein wenig überrumpelt kommen mit der Trauung. — Aber ich vergönn's unſerer braven Anna und wünſch' ihr, daß der Lenz wieder g'ſund heimkommt.

Zweiter Bauer: Und ihre Brüder a! Der Guſtav und der Jakob!

Wirt (nachdenklich): Ja, der Jakob — dem kommt es ſauer an — er iſt halt verweichlicht worden. Da gibt's aber keine Ausnahm'.

Erster Bauer: Wohl — keine Ausnahm' — gleiches Recht für alle!

2. Auftritt.

(Förster mit Wurl herein.)

Förster: Grüß Gott, allseits! Da bring' ich euch einen neugebackenen Gast.

Erster Bauer: Ah je, unser Wegmacher! — Komm' nur her zu uns da!

Förster: Da heißt's den Hut abnehmen vor unserem Wegmacher, denn der war hiazt gar Gerichtspräsident!

Wurl (befangen, sich setzend): Grüß Gott! — Der Herr Förster tut mich a noch frozzeln zu all meinem Malör!

Förster: Na — wir frozzeln Dich nit! Eine Dummheit kann jeder einmal begehen. — Deine Rederei wegen dem Regimentsarzt war halt auch nur eine Dummheit — Schwamm d'rüber und ein gutes Glasel Wein! Geh', Wirt, bring dem Wurl einen halben Liter, damit ihm die Grillen vergehen. (Wirt ab.)

Zweiter Bauer: Wie ist's Dir denn ergangen dort — — in Deinem — — Staats= quartier — mein' ich?

Wurl (trüb): Gut nit — könnt' euch denken! — Wenn man fest in der Meinung lebt, nichts Unrechtes getan zu haben und man hat nur das gesagt, was man von anderer Seite gehört het — — und man wird hernach über acht Tage wie

ein Verbrecher zwischen Gauner und Diebe ge=
sperrt — —da kann man sich g'wiß nit wohl
fühlen.

Förster: Man sagt, die Einbildung macht
selig — und Du hast Dir einbild't, Du warst
unschuldig — und da kann Dir die Straf' nit so
schwer gefallen sein.

Wirt (bringt Wein; Glockengeläute): Hört's
Leutl, jetzt werden die Anna und der Lenz ge=
traut in der evangelischen Kirche. (Pause.)

Förster: So hat denn unser Burgamaster
den harten Stein auch hinter sich! Hat ihm viel
Kummer gemacht anfangs, die Anna. Man hätt'
ihr das Starrköpfel nit ang'seh'n.

Erster Bauer: Wie sich die jungen Leut'
betten, so werden sie liegen. Sie erkennen meist
den guten Willen ihrer Eltern nit.

Wirt (besorgt): Was meint's denn ihr dazu?
— Seid einigen Tagen haben wir einen so
niederdrückenden, lauen Wind nach dem vielen
großen Schneefall — — ich fürcht' ein Tauwetter,
das uns eine Ueberschwemmung bringen könnt'
— und unsere stärksten Männer sind schon fort
— man müßte frei wegen Hochwassergefahr
was vorbeugen — oder wegen Schneerutschungen
— — der Weg von der Kirche herunter ist frei
ein wenig gefährlich — mein ich.

Förster: Na — na! So schnell passiert
nix. — So arg ist's nit mit dem warmen Wind.

Zweiter Bauer: Glaub' ich auch nit! —
Es hat sich schon seit Jahrzehnten da keine Lahn
ereignet. (Draußen hört man einige Harmonika=

5

akkorbe.) Hört's Leutl, die Hochzeitsfinger fein fchon da. Da werben bie Hochzeiter a nit lang ausbleiben.

3. Auftritt.

Zwei Burfchen (mit Zither unb Har= monika kommen herein, fpielen unb fingen):

Die Glocken hab'n klungen fein luftig unb laut
Unb g'rab hat ber Pfarrer zwei Leutl z'famm= traut. —
Herr Wirt, richt' ben Braten unb Krapfen bazua,
Daß b' Hochzeitsgäft' effen unb trinken fich gnua! Holarabulie!

(Wirt ftellt ihnen Wein vor.)

Jn wieder ein' Jahrl deckft wieber ben Tifch
Unb legft bann zum Taufschmaus bazu ein Trum Fifch. —
Sein's ebba gar Zwilling, bie trinken viel mehr,
Stellft halt ftatt ein' Faffel zwei Fäffer her! Holarabulie!

4. Auftritt.

(Peter, in Lanbfturmuniform mit Hanbkofferl, unb Mirl, mit fchwerem Rucksack unb auf bem grauen Kittel ein riefiges rotes Kreuz von ben Hüften bis zu ben Zehen unb rundherum, treten während bes letzten Joblers herein.)

Wirt: Ja, Mirl, Du gehft gar als Pflegerin mit in ben Krieg? — Unb bas fchöne G'wanbl bazu!

Mirl (verzagt): Ihr habt leicht lachen! Könnt fingen unb mufizieren, berweil wir hinaus müssen zu den Russen, wo sie uns vielleicht zusammenschießen!

Wirt: Bleib' daheim beim Strengauer — das ist doch viel schöner und sicherer!

Peter: Sag's eh auch alleweil! — Du narrische Gans! Bleib' daher! — Wir kochen uns unser'n Sterz schon selber draußen im Schützengraben! Du machst mir 'n eh immer zu trocken, weil Du zu wenig Schmalz nimmst!

Erster Bursch: Da trink' auch von unser'm Hochzeitstrankl, Peter! Auf g'sundes Wiedersch'n nach'm Krieg!

Peter: Ja, das hoff' ich a! (Trinkt und reicht auch Mirl das Glas.)

Erster Bursch: Und wenn die Mirl mit dem G'wandl bei Euch ist, g'schieht Euch g'wiß nix, denn die Russen schießen am liebsten auf das Rote Kreuz! Und der Mirl ihr's leucht' schon auf fünfhundert Meter weit. Haha!

Peter (zur Mirl): Na, da hörst es! Da stell' Dich nur recht weit weg von uns! Dann g'schieht uns nix!

Mirl: Ah da hört sich alles auf! Daß sie mich zusammenbrennen täten! — — Na, na, da weiß ich was Besseres. Ich häng' mein G'wandl seitwärts auf eine Stauden und laß die Russen dorthin pulvern, so lang sie's g'freut. Haha!

Förster: Und noch einen guten Rat, Mirl! — Dein' Rucksack schnallst Dir vorne um, da kann nit einmal eine Kanone durchschießen. Haha!

Mirl (legt den Ruckſack ab): Tut's nur ſpot=
ten, Ihr Taugenichtſer, alle miteinander! Ich
hab' die ganzen Hausapotheken von Bergendorf
zuſammengebettelt für kranke und verwundete
Soldaten: alle Arten Tee, Kräuter, Schmieren
und Tropfen — Watta und Leinwand — — und
ein Paar Flaſchen echten Zwetſchkenbaumernen!

Erſter Bauer: Ha! Mit dem Zwetſchken=
baumernen wirſt wohl nit nach Rußland kom=
men, Mirl, der wird Dir wohl unterwegs ein=
trocknen!

Mirl: In Peter ſeiner Gurgel meinſt? Na,
na, der kriegt davon keinen Tropfen! — Bevor
wir aber zur Bahn marſchieren, wollen wir noch
bei der Hochzeitstafel von der Anna und dem
Lenz ſein! Schad', daß der Guſtav nimmer da
iſt! — Das wär' doch viel ſchöner g'weſen!

Peter: Er hat ſich nit z'ruckhalten laſſen. Er
iſt ſchon ſeit vierzehn Tagen bei den vorderen
Kanonen, hab' ich g'hört und die hinteren warten
noch immer auf mich. Ich renn' zu alle Kom=
mandanten und bettel ſo lang', bis ich zu ihm in
die Nähe komm'. Der Guſtav ſoll mir keine
Not leiden und wenn ich ihm extra fünf Stunden
weit das Eſſen nachtragen muß! — Das iſt ein
goldener Menſch! Ueber den laß ich nix kom=
men! (Zu Mirl:) Der iſt kein ſolcher Dadalatſch
wie Du! (Singt ſpöttiſch:)

Ich hatt' einen Kameraden — einen dümmern
  find'ſt Du nit!
Er hängt an meiner Seite und zieht mit mir ins
  Weite
Wie friſcher Fenſterkitt.

Mirl (singt):

Ich hab' einen Eh'gesponsen — der ist so kalt,
    wie Eis,
Er will jetzt in die Weite — ich geh' nit von
    der Seite —
Ich weiß schon was ich weiß.

Peter: Na — und was weißt Du denn nach=
her von mir?

Mirl: So viel, daß wir für immer zusammen=
gehören! Verstehst!

Peter: Mir scheint eh a, es gibt kein Aus=
kommen mehr. — Müssen wir uns schier draußen
im Schützengraben in Polen nottrauen lassen.

Erster Bauer: Das hättet ihr auch hier
daheim machen können!

Peter (zu ihm leise): Besser draußen in
Polen! Das kann ich ihr ebba abstreiten, wenn's
mir zu dumm wird!

Mirl: Was sagt er da?

Peter: Daß ich Dich über alles gern hab'
— das hab' ich g'sagt — gelt Bauer! — Und
hiazt laß mich ganz in Ruh' — sonst werd' ich
noch blöd und weiß nit amal mehr, was „hü"
und „hott" ist und dann ist mein Posten als
kaiserlicher Leibkutscher a beim Teufel.

Erster Bursch: Aufpaßt! Die Hochzeits=
gäst' kommen schon!

Peter (zu Mirl): Stell' Dich „Habt acht!",
wie es sich für eine Soldatin g'hört! (Beide
stellen sich salutierend zur Türe.)

5. Auftritt.

(Anna, in grauem Kleid mit einem Kranzerl, Lenz, als Landsturmmann, Strengauer, etwas gebeugt, seine Frau, dann zwei Gemeindeausschüsse treten ein, zur Tafel, wo sie passend Platz nehmen.)

Förster: Hoch unser junges Ehepaar! — Hoch die Familie Strengauer!

Alle: Hoch, hoch, hoch!

Strengauer (drückt Förstern die Hand): Dank Dir, Herr Förster, für die freundliche Begrüßung auch im Namen der Meinen. Nimm Platz an unserer Tafel.

Frau Strengauer: Ja — und der Peter und die Mirl sein ja a da! — Und ganz kriegsmäßig ausgesteuert! — — Kommt's nur her a zu uns! — Wer weiß, wann wir uns wieder sehen!

Peter und Mirl (treten herzu, beglückwünschen das Ehepaar und setzen sich): Viel Glück und Segen! — Zu viel Ehr' für uns!

Mirl: Hiazt sein wir ja a kaiserlich, da können wir schon mithalten!

Strengauer· Herr Wirt, schenk' den zwei Sängern auch ein und den Bauern dorten. Es sollen uns alle willkommen sein!

Förster (mit dem Glas in Händen): Den schönen, seltenen Augenblick kann ich nit vorübergehen lassen, ohne dem ersten kriegsgetrauten Ehepaar unserer Gemeinde in meinem Namen und im Namen meiner Forstkollegen die herz=

lichsten Glückwünsche noch besonders auszuspre=
chen. Wir alle und die ganze Gemeinde verlieren
an der jetzigen „Frau" Anna eine liebe freundliche
Mitbürgerin und wir hoffen, daß Sie uns alle
in gutem Angedenken behalten wird, wie wir auch
an Sie immer mit herzlicher Anteilnahme den=
ken werden! — Wir können ihrem Manne nur
gratulieren, daß er eine so gute Wahl getroffen
hat, trotz der Verschiedenheit im Glauben. Sie
beide verstehen sich und werden darum auch
glücklich sein und das sei Ihnen beiden recht
aufrichtig gegönnt. Ich bringe also ein kräftiges
Hoch auf unser junges Kriegsehepaar aus. Hoch!

Alle: Hoch, hoch, hoch!

(Wurl hat sich bisher bei den Bauern dem
stillen Suff ergeben.)

Anna: Herzlichen Dank unserem lieben Herrn
Förster und allen seinen Freunden, für die er
auch hier gesprochen hat! — Mein Mann und
ich werden immer an die lieben Segenswünsche
denken, die man uns gespendet hat!

Wurl (lallend): Und ich wünsch a — ich
wünsch' a —einen schönen Segen und einen
Schüppel kleine Kinder dazu!

(Strengauer sieht ärgerlich nach Wurl.)

Wirt (stößt Wurl): Sei still, Wurl, Du
g'hörst ja nit zu den Hochzeitsgästen!

Zweiter Bursch: Aufgepaßt! Die Pöller
geh'n los! (Von ferne krachen drei Schüsse.)

(Pfarrer führt eine Schar weißer Mädchen
herein.)

Anna: O, unfer lieber Herr Paftor! — Und seine Sängerinnen!

Peter (zu den Burschen): Da könnt's ihr jetzt einpacken!

Mädchenchor:
Die Schwalb'n werd'n bald kommen weit her über's Meer,
Werd'n zwitschern und äugeln und noch manches mehr,
Werd'n Nefterl aufrichten für d' künftige Brnat,
Werd'n glückli' d'rein haufen, wie 's schöner neamd tnat.
Aus ungleicher Sippschaft, aus ungleicher Welt,
Hat's doch für einander der Herrgott beftellt.
Die Liab hat er 'goffen in eahna Gemüat
Und b' Liab hat eahn g'schaffen ein fanftes Ge= blüat.
Die Liab ift das Schönfte, das alles z'fammhalt,
Sie ift halt wie Herrgotts allmächtige G'walt!

Soloduett:
Sein b' Menschen a ungleich im Glauben und Geblüat —
Sie baut eahna ein' Himmel auf Erden ins G'müat.
Die Liab macht gottähnlich den Menschen und mild —
Und Mildfein heißt Frommfein nach'm Herrgott fein Bild!

Pfarrer (tritt zur Tafel, reicht Lenz und Anna die Hand, feierlich): Jawohl, meine lieben jungen Eheleute! Mildfein heißt Frommfein nach des Hergottes Bild! — Laffet Euch diesen Liedvers eine Leuchte sein durch das ganze Leben! Mag noch so viel Trübsal über Euch kommen — bleibet milde gegen einander und gegen die Mitmenschen! Bleibet vor allem mild gegen Gott, wenn er auch noch so harte Prüfungen schickt. Dann werdet Ihr alle Kümmernisse leicht überwinden und über alles Niedrige den Sieg davontragen. Das Schicksal schleicht stets im Dunkel und überfällt auch den Besten einmal ahnungslos, aber der Milde wird diesem Schicksal nicht unterliegen. Darum nochmals: Vergesset nie den göttlichen Wahrspruch: Mildsein heißt Frommsein nach des Herrgottes Bild! Auf dauerndes Glück! (Anklingen.)

(Zwei Burschen spielen einen Tusch.)

Wurl: Mildsein! Ja — Mildsein! — Aber mich haben's unschuldig eing'sperrt! Ist das ebba auch mild?

Förster (zu ihm): Sei still, Wurl! Du halt'st später eine Red'!

Wurl: Und eine tüchtige auch noch! (Trinkt.)

Erster Ausschuß: Meine lieben Freunde! Den schönen Anlaß will ich nicht vorübergehen lassen, ohne auch ein Dankeswort auf die verehrten Brauteltern auszusprechen. — Vor vierzehn Tagen hat unser Herr Bürgermeister erst sein 25jähriges Jubiläum begangen, was gewiß ein Beweis dafür ist, daß er unser Gemeinwesen tüchtig und glücklich geleitet hat. Seine gute, friedliche Gesinnung hat er heute wieder bekundet dadurch, daß er seine Tochter einem braven, protestantischen Manne zur Frau gegeben hat, obwohl ja die Familie Strengauer eine alte katholiſche iſt und war. — Wenn es dennoch noch Neider und Nörgler gibt, die einen Stein auf ſeine Ehre werfen, ſo iſt es Pflicht der Einſichtigen, ihn zu verteidigen. Aber viel' Feind' — viel' Ehr' — —

W u r l (gröhlend): Geſchieht ihm ganz recht!

E r ſ t e r B a u e r (ſtößt Wurl): Halt's Maul!

E r ſ t e r A u s ſ c h u ß : Unſer Herr Bürgermeiſter war immer ein ehrlicher, offener Charakter, der bei aller Geradheit ein gutes Herz im Leibe hat und niemandem — — wenigſtens nit mit Wiſſen und Willen — — und niemals unrecht getan hat!

W u r l (ſchlägt in den Tiſch): Das iſt eine Lug! Mich hat er anſtatt eahm einſperren laſſen!

(Alle ſehen verblüfft nach ihm.)

W i r t (nimmt Wurl unter'm Arm): Wegmacher, komm' mit hinaus! Du biſt betrunken und weißt nit, was Du redeſt! Komm' nur! Geh' heim und ſchlaf' Dich aus. Morgen kommſt Du wieder.

W u r l : Du laß mich! Du biſt a ein ſolcher Falſcher — wie der Strengauer! Ich geh' juſtament nit!

Z w e i t e r B a u e r : Geh' nur Wurl! Geh' heimzu!

F ö r ſ t e r (zu ihm): Wenn Du nit gutwillig gehſt — dann mußt Du mit Gewalt hinaus! Man hat Dich aus gutem Herzen hereingerufen und das ſoll wohl der Dank ſein, daß man ſich um Dich wieder annimmt!

Wurl: Um mich braucht sich neamd anzunehmen! — Hat sich damals a neamd um mich angenommen! — Mein Recht und meinen ehrlichen. Namen will ich wieder hab'n!

Förster (zornig): Es hat Dir niemand unrecht getan! Und jetzt gehst Du sogleich aus dem Lokal, Wurl — oder —

Wurl: Was? — Außischmeissen wollt Ihr mich! — Weil ich mein Recht will? (Reißt seine Brieftasche heraus und schleudert selbe zu Boden.) Da! Da! — Da ist das Geld noch drin, das mir der Herr Burgermaster nach meiner Verurteilung in die Hand druckt hat, damit ich still sein sollt' zu der ganzen G'schicht vom Regimentsarzt! Ich hab' das Geld nit ang'rührt!

Strengauer: Das ist doch ein infernalischer Mensch! — Aus Mitleid mit seinem Weib' und seinen Kindern, weil er nach der Verurteilung auch seinen Wegaufseherposten verloren hat — hab' ich ihm eine kleine Unterstützung geschenkt! Das ist doch niederträchtig!

Peter (zur Mirl leise): Wann das keine Lug ist — dann soll ich d'ran ersticken!

Wirt und Förster (schieben Wurl mit Gewalt zur Türe): Hinaus mit Dir! Du elender Lügner! — Schlaf' erst Dein' Rausch aus! Schau', daß Du heim kommst!

Wurl: Auslassen! Auslassen! — Sonst — g'schieht — ein Unglück! — — Der Fluch Gottes soll den — Strengauer treffen!

Pfarrer (eilt hinzu): Vernünftig sein, Wurl! — Komm' morgen zu mir — und wir reden darüber weiter! (Draußen ertönen Feuerwehrsignale und Rufe: Die Lahn geht nieder!)

Alle (eilen zur Rückwand): Was ist los? — Die Lahn sollt' niedergehen? Wo denn? Von welcher Seiten?

Ein Holzknecht (stürzt keuchend herein): Leut', die Lahn ist losgegangen! Sie kann jeden Augenblick niedersausen! Von der Bergendorfer Hochwand her!

Strengauer (reißt hinten ein Fenster auf; man vernimmt dumpfes Rauschen und Windes= sausen): Hilf Himmel! — Dort — Herr Pfarrer! Dort! — Wo ist denn mein Haus? Ich seh' 's nit! Ich bin schneeblind! (Zum Weib:) Schau' Du, Weib! Ich seh' nir! Mich hat der Schnee blend't!

(Alle, mit Ausnahme beider Strengauer und Großmann, eilen hinaus.)

Weib (sinkt mit einem Schrei in die Knie und betet): Unser Haus ist verschüttet!

Pfarrer: Nicht verzagen, Strengauer! — Man wird es retten!

(Strengauer will hinauseilen, bleibt aber an der Tür' wie gelähmt lehnen.)

(Vorhang fällt.)

Vierter Aufzug.

(Im Hintergrunde sieht man einen schneebe= deckten Bergabhang, aus dem vorne links nur ein Teil des früheren Strengauerhofes heraus= ragt. Davor ein roher, eingegrabener Tisch mit einem an die Mauer angelehnten Bankerl. Rechts beginnt Wald.)

1. Auftritt.

Erster Bauer (Simerl schenkt beim Tisch aus einem irdenen Krug Wein in mehrere Gläser und schneidet Brot dazu): Ausg'räumt wär' jetzt das Haus! Wann's wohl wieder eing'räumt werden wird? (Ruft ins Haus:) Kommt's nur aussa zur Jausen! — 's ist ja nir mehr drin!

(Vier Holzknechte kommen heraus.)

Erster Holzknecht: D' Finger und d' Ohren beißt einem die Kälten frei weg! Und drin ist's viel frostiger wie heraussen!

Simerl: Ja, 's ist eben der Nachtfrost noch drin. Der geht nit heraus, wann nit g'heizt wird.

Zweiter Holzknecht: Der schöne Kachel= ofen liegt ja auch in Trümmern!

Dritter Holzknecht: Die arme Stall= dirn, die Kathi! — Ganz zerdruckt ist sie beim alten Hund', dem Sultl, g'legen. (Trinkt und ißt.)

Simerl: Ja, es ist ein Elend! — Greist's nur zua! Habt's euch a rechtschaffen plagt! — Tut mir recht leid, unser Burgermaster!

Vierter Holzknecht: Er ist ja gar nim= mer Burgermaster! Hat doch sein Amt nieder= g'legt!

Simerl: In meinen Augen bleibt er doch immer der Burgermaster!

Zweiter Holzknecht (essend): Der Strengauer hat wohl wegen dem Jakob seine Ehrenämter alle niederg'legt? — Wüßt' sonst keinen Grund!

Simerl (zuckt die Achseln): Kann's noch alleweil nit glauben, daß der Jakob wirklich so feig und dumm sein sollt' und sich mit Gewalt zum Militär eintreiben ließet! — Ich mein' eher, er ist auf'm Hochsattel irgendwo abgestürzt und liegt unter'm Schnee begraben:

Vierter Holzknecht: Da wett' ich auch um mein' Kopf, daß das nit so ist! (Leise zu Simerl:) Weißt, was ich glaub'? — Die Lahn da war eine Straf' Gottes! — Der Wurl hat recht g'habt und ist unschuldig eingesperrt worden!

Simerl (unwillig): Solche Sachen red't man nit, denn das kann man nit erweisen! — Trinkt's nur, Leut'! Und hernach sperr' ich die Keusche zu.

Erster Holzknecht: Den Holzstoß da hin= ten hätten wir ja a zur Jungbäu'rin schaffen können.

Simerl: Der bleibt da — hat der Streng= auer g'sagt. — Drunten hab'n's Holz mehr als gnua. Wär' eine unnötige Arbeit.

Vierter Holzknecht (zu Simerl): Wenn Du ein Bröckel übrig hast, so laß es der Weg= macherin zukommen. Die nagen frei alle am

Hungertuch, seitdem ihr Mann seinen Posten ver=
loren hat. Hiazt im Winter ist ja a keine Holz=
schlagarbeit für ihn zu finden.

S i m e r l: Guat, das soll g'scheh'n! — Werd'
auf sie nit vergessen.

E r s t e r H o l z k n e c h t: So alsdann! Ge=
gessen und 'trunken hätten wir und so sag' ich
für alle schönen Dank beim Strengauer! Wann
er uns braucht, soll er uns nur rufen.

S i m e r l: Dank' Euch a für die Hilfe! —
Geht's nur voraus. Ich komm' gleich nach!

(Holzknechte gehen rechts ab.)

3 w e i t e r H o l z k n e c h t (schaut sich um):
Schad'. schad' ist's um den schönen Hof!

S i m e r l (stellt Gläser und Krug in einen
Korb und nimmt ihn in die Hand): Hätt' ich mir
vor drei Tagen a nit tramen lassen, daß ich da
einen Trümmerhaufen antreffen sollt'! — Wie so
schnell ein Unglück in einer Familie einreißen
kann! — Da müßt unsereins schier a wirr=
warrisch werden, wenn man gleich nit viel besitzt.
— Und der Jakl dazu! 's ist ja frei nit zum
glauben und fassen! — Der Gustav, ein so wak=
kerer Bursch, der schon seit Wochen tapfer für's
Vaterland kämpft — und der Jakl — ein De=
serteur! — Wie soll man sich da zurechtfinden?
Armer Strengauer, tust mir wirklich leid! Und
mußt hiazt bei Deiner Anna Zuflucht nehmen,
die gegen Deinen Willen in eine evangelische
Familie hineingeheiratet hat! (Schüttelt den
Kopf.) Der Himmel ist a ungerecht — kann mir
nit helfen. (Geht um's Haus herum.) Alles ist

weggeräumt, bis auf den Holzstoß hinten — na, den stiehlt da neamd. — Alsdann geh'n wir halt. (Sperrt das Haus ab und torkelt mit dem Korb nach rechts.) — Pfiat Di' Gott, Strengauer= hof! — —

2. Auftritt.

Jakob (nach längerer Pause, als Bettler verkleidet, von links scheu hervor): Simerlbauer — Simerlbauer — sei so guat — auf ein Wörtl!

Simerl (bleibt stehen): Was? Gar ein Bett= ler da heroben? — Scher' Dich zum Teufel! Da wird nichts ausgeteilt — hab' a nix mehr drinnen in meinem Korb!

Jakob (schleicht herzu, faßt Simerls Hand): Simerlbauer — ich bin's — der Jakob! Um Gottes Willen, nit verraten! — Ich weiß, daß sie mich überall suchen!

Simerl: Um Gottes Christi Willen! Du bist es wirklich? Und in dem Aufzug! — Der Strengauersohn als Bettler!

Jakob: Ja, es geht mir schlechter wie einem Bettler — aber ich kann nit anders! Ich geh' nit zum Militär — eher stürz' ich mich da hinten in den Wildbach — wenn mich die Gendarm' er= wischen sollten!

Simerl: Wo bist denn Du alleweil gesteckt die Wochen her, Jakob? — Die ganze Gemeinde hat nach Dir gesucht — die Patrullen gehen noch immer umher und forschen nach Dir! — Du kannst doch in der Kälten nit immer da heroben in der Wildnis bleiben? — Und zeitewig kannst

Du doch nit als Einsiedler im Berg hausen? Bedenk' das alles und sei g'scheidt!

Jakob: Kann nimmer anders! — Und in den Krieg geh' ich nit! — Ich flücht' mich halt ins Ausland. — — Sei Du der einzige, Simerlbauer, der mir hilft und dem ich mich anvertrauen darf! Mein Vater hat Dir manchen Dienst erwiesen — er wird Dir's später einmal danken — aber jetzt sag' ihm kein Wörtel.

Simerl: Wie sollt' ich Dir denn helfen? — Ist ja doch verboten!

Jakob: Hunger, Hunger hab' ich, Simerlbauer! — Gestern ist alles aus dem zerfallenen Haus fortgeführt worden und ich hab' drin nix mehr zu essen g'funden.

Simerl: Ah so! Du hast Dich da drinnen heimlicherweis' verproviantiert! — Und neamd hat was g'wußt davon?

Jakob: So ist's, so ist's!

Simerl (reicht ihm aus dem Korb ein Scherzel Brot): Sonst hab' ich nichts mehr bei mir.

Jakob (beißt ab und steckt das übrige zu sich): Bring mir hie und da was hinein da in die Keuschen — ich hol' mir's in der Nacht — und wann Du kommst — — so pfeif' immer das Liedl „Wann ich auf d' Alma geh'" — dann weiß ich, daß Du es bist und ich kann mich hervortrau'n.

Simerl: Aber in dem Häusel kannst Du nit bleiben — die Gendarm' durchsuchen alles in der ganzen Gegend.

Jakob: Ich bleib' auch nit in der Keusche. Da hinten in dem Holzstoß, den ihr stehen habt lassen, da drinnen hab' ich meine Höhle wie ein Dachs und bei Tag zieh' ich immer die Scheiter vor, daß niemand eine Ahnung hat.

Simerl: Aber die Fußspuren bei frischem Schneefall?

Jakob: Da zerstampf' ich früher allen Schnee rund ums Haus, so daß es aussieht als ob ihr da gearbeitet hättet oder als ob Neugierige da herumgetrabt wären. — Da find't mich niemand.

Simerl. Na, meiner Treu, solche Spitzfindigkeit hätt' ich Dir nit zugetraut! Aber — das kann doch zu keinem guten End' führen! Siehst Du denn das nit ein, Jakob? Geh' z'ruck und stell' Dich — sag', Du hättest Dich verirrt im Gebirg und hättest Dich weiß Gott wo herumgebettelt, bis Du wieder heimgefunden hättest. — Wenn sie Dir's auch nit glauben — es ist doch halt noch besser.

Jakob: Na, na, na! Red' mir nix mehr vom Stellen! — Versprich nur, daß Du mir was zu essen bringst, Simerlbauer. Das andere laß mich allein machen!

Simerl: Das ist eine schwere Sach' für mich! — Einen Deserteur darf man doch nit unterstützen — ich wär' strafbar.

Jakob: Bei Deinem christlichen Glauben — sei barmherzig und hilf mir!

Simerl (zögernd): Weißt Du was, Jakob — schaust halt öfters nach im Haus, ob Du in der alten Truhe, die wir haben stehen lassen,

vielleicht etwas findeſt. Den Schlüſſel muß ich
aber Deinem Vater abliefern, der vielleicht ſelber
einmal nachſchauen will. Aber das Fenſter dort
iſt windſchief geworden und es geht nit ordentlich
zu, weshalb ich bloß einen Nagel vorgebogen
habe. Den kannſt Du leicht wegdrehen und dann
hineinſteigen.

Jakob (mit Handdruck): Tauſendmal ver=
gelt's Gott, Simerlbauer! — Der Himmel ſoll
Dir's lohnen.

Simerl: Will lieber gar keinen Lohn haben,
wenn ich nur wüßt', wie ich Dich zurechtbringen
könnt'! — Verlaß Dich drauf, daß ich niemand
a Wörtel ſag' und ich werd' alleweil nachdenken,
wie ich; Dir helfen könnt'. — Ob's was nutzen
wird? — Schau, Dein Bruder ſteht ſeit Wochen
im Felde als Freiwilliger und er ſoll gar ſchon
eine Auszeichnung haben, hat der Pfarrer erſt
geſtern erzählt. — 's tut einem weh, daß Du
ſoweit hintennach ſtehen ſollſt.

Jakob: Meintwegen ſoll er Auszeichnun=
gen haben ſo viel es gibt. Ich geh' nit in den
Krieg! — Der Guſtav kommt ſo wie ſo nimmer
z'rück — — und ich will lieber leben und Not
leiden!

Simerl (mehr für ſich): Und Unglück ſtif=
ten! — Der Wegmacher iſt unſchuldig ins Kri=
minal kommen und Deine Leut' haben ſo viel
Sorg'!

Jakob: Der Wurl hat unſer Vaterhaus in
Verruf bracht — — die Straf' hat er verdient.
— Tun wir nit ſtreiten, Simerlbauer und bring'
mir was zu eſſen und zu trinken — der Brunnen

6*

ift ja a verfchüttet — — es wird fich fchon ein
Ausweg finden nachher!

Simerl: Jch wünfch' Dir's! — Alfo fchauft
halt morgen vormittag wieder nach da drinnen
in der Truhen — und hiazt geh' ich heimzu. Es
könnt' uns leicht wer beobachten.

Jakob: O — es kennt mich nit fo leicht
jemand. — Dank Dir taufendmal, Simerlbauer!
Das Liedl vergiß nit: „Wann ich auf die Alma
geh'."

Simerl: Weiß fchon, weiß fchon! — Pfiat
Dich Gott!

Jakob (nachrufend): Wenn Du kannft, fo
fchick' der Wegmacherin auch was für ihre Kinder
— man foll auch ein gut's Werk tun. (Ab
hinters Haus.)

Simerl (beifeite): So? Er hat gar Mitleid
mit der Wurlin? — Sollt' am End' die G'fchicht
von den zweitaufend Mark doch anders fein?
(Schüttelt den Kopf; ab rechts.)

3. Auftritt.

(Zwei Landfturmfoldaten kommen von rechts.)

Simerl (außerhalb): Ah ja, die Herren kom=
men wieder fuchen! Na, na! Jch hab' keine Spur
g'feh'n. Hab' das ganze Haus mit den Holz=
knechten ausgeräumt. (Ab.)

Erfter Soldat: Wo fich der Lump nur
herumtreiben mag? Seit drei Wochen müffen
wir diefe elenden Bergfteige abwaten und noch
immer keine Spur zu finden. — Aber er kommt
uns nicht aus! — Zweimal haben wir diefes

Häusel schon durchstöbert -- sollen wir's noch= mals versuchen?

Zweiter Soldat: Ah, der Simerl lügt uns nicht an, der hat ja kein Interesse daran. Er ist ja nicht verwandt mit den Strengauerischen. Ich wette, der alte Strengauer hält seinen Sohn in irgendeiner Almhütte verborgen und füttert ihn dort und wird ihn nach dem Krieg schon irgend= wie fortschaffen und wir laufen uns umsonst die Füße wund da heroben.

Erster Soldat: Das traue ich ihm schon zu! — Wir müssen die Almen so lange unsicher machen, bis er mürbe wird und wenn eine ganze Kompagnie herauf muß! Wir lassen uns von dem Maulaffen nicht zum besten halten!

Zweiter Soldat (guckt ins Haus): 's ist alles leer drinnen — wie ausgekehrt — alle Ein= richtung fort — der Kachelofen zerfallen — da kann niemand drin hausen — außer er wollte erfrieren. Es ist schon so, wie der Simerl ge= sagt hat.

Erster Soldat: Nichts als diesen Holzstoß haben sie dagelassen.

Zweiter Soldat: Die haben mehr als genug Holz unten. — Schauen wir alsdann um ein Häusel weiter!

Erster Soldat: Gott gnade dem, der die= sem elenden Flüchtling bisher Unterstand gegeben hat! — Es ist eine Beleidigung für unser Va= terland! — Kein Deutscher wirft heute die Flinte ins Korn! (Beide ab links.)

4. Auftritt.

(Nach kurzer Pause hört man von ferne einen Militärmarsch spielen.)

(Erster und zweiter Bauer kommen von rechts, nicht der Simerl.)

Erster Bauer: Die suchen schon wieder nach dem Jakob! Die ewige Hausdurchsucherei wird einem schon lästig! Bei mir waren sie schon viermal! — Was geht denn mich der junge Strengauer an! — Jetzt hab' ich gar eine Vor= ladung zum G'richt erhalten wegen dem Men= schen!

Zweiter Bauer: Bei mir waren's schon dreimal! — Hör' einmal, da spielen's unten wieder einen Militärmarsch! Ziehen wieder mehrere Kompagnien ins Feld. Und frisch und mutig schauen sie drein, wenn man ihnen so beim Fortmarsch zusieht. 's ist eine Freud' und frei möcht' man selber mitgehen.

Erster Bauer: Ja, wenn mich nit die Gicht so zwicket, tät ich gern auch mit!

(Nebel fällt ein.)

Zweiter Bauer: Gott sei Dank! Unsere Leut' brauchen keine russischen Knuten! Die geh'n schon von selber vorwärts! (Pause, die Musik verhallt.) Wie so ein kleines Fünkerl zu einem Weltbrand werden kann! — Das räu= berische Serbenvölkel hat angefangen, die Brand= fackel nach Oesterreich herüberzuwerfen.

Erster Bauer: Und die großen Raub= löwen sein dann aus dem Hinterhalt nachge= sprungen und die Engländer haben dabei kom=

mandiert. So was nennt man heutzutag' Kultur und Nächstenliab!

Zweiter Bauer: Hahaha! Daß ich nit lach! — Wia unser Pastor erzählt hat, sein die Briten oberdrein noch recht bigott und rennen fleißig in alle Kirchen!

Erster Bauer: Das ist keine Religion, das ist Heuchelei! — Traurig, traurig schaut's aus auf der ganzen Welt! Alle Gelehrsamkeiten und Religionen stehen hilflos und machtlos da und schauen der Menschenschlächterei mit gefalteten Händen zu oder besser gesagt: mit gebundenen Händen!

Zweiter Bauer: Und wer bindet die Völker? Der ruchlose Goldgeiz der großen Wucherer! Ich bin nur ein einfacher Bauer, aber das eine sig ich: Mir graust vor aller Gelehrsamkeit und Gesittung!

Erster Bauer: Heilig wahr ist's! — Jede Nation bet' zu ihrem Herrgott um Sieg und Sieg und Sieg! — Wann ich Herrgott war, ich schlaget die Kriegsanstifter gleich vom Anfang an mit Blitz und Schwefel zu Boden!

Zweiter Bauer: Der Herrgott straft sie noch mehr: Er läßt sie eine Weile zappeln — und zuletzt kommt die große Niederlage. — Der Rechtschaffene hat noch immer g'siegt — und das ist Gottes Wille!

Erster Bauer: Hast leicht reden, weil Du keinen eigenen Sohn im Feld stehen hast! — Geh'n wir. Es wird immer nebliger, sonst finden wir den Weg auch nimmer.

Zweiter Bauer (im Abgehen): Jawohl, schwere Opfer sind's, die wir bringen müssen — aber das muß schon so in Gottes Ratschluß liegen. (Beide ab.)

5. Auftritt.

Jakob (schleicht nach kurzer Pause hervor): Endlich sein s' fort und ich kann meine steifen Glieder wieder ein wenig ausstrecken! — Der böse Feind muß mir zu Trotz alleweil Leute hertreiben — und ich möcht' am liebsten gar neamd mehr sehen! — Die Lahn hat's Haus niedergerissen, aber gach auch mich mitbegraben — bei lebendigem Leib' begraben! — Das hat alles der verdammte Krieg gebracht! — Und ich sollt' jetzt ein Verbrecher sein, weil ich mein Leben und meine Heimat behalten will? — Trotz alledem hab' ich hiazt beides verloren! — O mein Gott, hilf! Wie wird das enden? Wohin soll ich, wenn Frieden sein wird? (Reibt sich die Stirne.) Ich weiß nit vorwärts und rückwärts! (Setzt sich auf das Bankerl. Pause.) — Die Häscher sind g'rad vorhin da g'wesen — und so kann ich doch wieder ein wenig an die freie Luft. (Späht herum.) Pst! Mir scheint, es kommt jemand! (Geht etwas nach links, dann wieder vor.) Das ist ein Frauenzimmer! Die sind nit gefährlich und halten mich für einen wirklichen Bettler. (Setzt sich wieder; kleine Pause.)

(Resi summt außerhalb rechts: „Wann ich auf d' Alma geh'.")

Jakob: Bei Gott! Das ist die Resi! — Der Simerl hat ihr mein Losungswort verraten! —

Sie weiß alles — da muß ich dableiben — 's
Fortlaufen hat dann keinen Zweck mehr — sie
wird mir helfen wollen!

6. Auftritt.

Resi (von rechts, mit einem Handkörbchen,
ahnungslos): Jessas, da sitzt gar ein Bettler
beim Strengauerhaus! — Er wird doch nichts
Schlechtes vorhaben? — G'wiß auch einer, der
keine Heimat hat — wie mein armer Jakob! —
Armes, liebes Vaterhaus! Da hätten wir glück=
lich sein können, wenn — der Krieg nit kommen
wär'! (Will ausweichend an Jakob vorüber.)

Jakob (angstvoll sich erhebend): Resi — da
bin ich — den Du suchst!

Resi (entsetzt und freudig): Jakob — Du —
Jakob? — Mein Gott, wie Du aussiehst! (Um=
armt ihn.) Mein lieber, lieber Jakob! — Warum
bist uns denn davongegangen? — Warum hast
Du uns das angetan? — Die Schand' im ganzen
Dorf und in der ganzen Umgegend! (Weint.)

Jakob (dumpf): Hab' mir's einfacher vor=
gestellt — weiß nit, wie es über mich kommen
ist — verzeih' Du mir, Resi — wenn mich auch
alle andern verdammen! — Deinetwegen hab'
ich nit in den Krieg wollen — und so bin ich
ein Deserteur worden!

Resi: Und wo hältst Du Dich immerher auf?
(Sieht ängstlich herum.) Doch nit da in dem
Haus? Man sucht ja alleweil da herum nach Dir.

Jakob: Hat's Dir der Simerlbauer nit
g'sagt? — Von ihm weißt Du doch mein Lo=
sungswort.

Resi: Losungswort? — Ich weiß von nichts! Hab' auch mit dem Simerl gar nix geredet! — Weiß er denn Deinen Aufenthalt?

Jakob: So ein Zufall! Ich hab' ihm g'sagt, wenn er mir etwas zu essen bringt, so soll er immer das Liedl pfeifen, das Du vorhin ge= sungen hast — und da hab' ich g'meint, er hätt' mit Dir darüber gesprochen! — So ein Zufall!

Resi: Alsdann der Simerl bringt Dir was zum Leben? Das ist aber schön von ihm! Das werd' ich auch tun — aber in dem Haus da ist es g'fährlich für Dich.

Jakob: Sei ohne Sorg'! Für g'wöhnlich bin ich nie drin. — Da hinten -- siehst Du den Holzstoß? In dem hab' ich eine unsichtbare Höhle, die ich von außen zumachen kann — und inwendig hab' ich sie mit Stroh ausgefüllt, daß es nit so kalt ist.

Resi: Armer Jakob! — 's wär' doch besser g'wesen, Du wärst mit in den Krieg gegangen. Die allermeisten kommen doch wieder g'sund heim — schau, der Gustav hat schon eine Aus= zeichnung erhalten — freilich hat er a schon einen Schuß und liegt mit anderen Oesterreichern in einem Brünner Spital — und gestern ist erst die Nachricht zur Anna gekommen, daß er Urlaub erhalten hat und schon unterwegs ist. — Er wird bald da sein — es wird ein großes Auf= sehen sein, dieweil Du da oben — versteckt wie ein Raubmörder hausen und hungern mußt!

Jakob (ringt mit sich, umarmt Resi und schluchzt): Ich kann nix dafür, daß ich so ein elender Feigling worden bin! -- Die Eltern sein allein schuld! Sie haben mir immerher eingeredet, daß ich nit zum Militär muß, daß sie mich frei machen — daß ich dort eh nur zum Krüppel geschossen wurd' — —

Resi: Warum haben's denn das dem Gustav nit vorgeredet?

Jakob: Weil er als Geistlicher eh frei g'wesen wär — —

Resi (gedehnt): Ja — wenn halt die — Alten so dumm — sein — —! Und hiazt wollen sie von Dir nix wissen, wo sie Dich unglücklich gemacht hab'n — —

Jakob: Aber Du verlaßt mich nit, Resi? Gelt? Vielleicht kann ich doch einen Ausweg finden — vielleicht im Ausland — —

Resi: D'rüber werd' ich schon mit Deinem Vater ein ernstes Wörtel reden.

Jakob: Aber nit sagen, wo ich bin — ich trau' neamd als Dir — und dem Simerl!

Resi: Gut! Ich bring' Dir jeden zweiten Abend auch was zum essen daher.

Jakob: Und singst dann immer das Liedl, daß ich weiß, wer kommt?

Resi: Ja, ja! Verlaß Dich ganz auf mich! (Seine Hand fassend.) Siehst, Jakob, ich bet' jeden Abend seit Du fort bist, für Dich und Deine Erlösung — gäb's der Himmel, daß es besser wird!

(Pfarrer taucht rechts auf und stellt sich hinter einen Baum.)

Jakob: Bis der Krieg zu End' ist, dann müssen wir Mittel und Wege finden zu meiner Befreiung. — Der Vater muß mir helfen — sonst — das sag' ich Dir allein, Resi — sonst red' ich mehr über die zweitausend Mark, wegen der der Wegmacher unschuldig eing'sperrt worden ist — das kannst Du dann meinem Vater ins Gesicht sagen, wenn er mir nit helfen will!

Resi: Was? — Der Wurl wär' wirklich unschuldig eingekastelt worden, weil — Dein Vater — —

Jakob: Wohl — der Wurl war unschuldig! — Der Vater hat mich um jeden Preis frei haben wollen wegen der Wirtschaft — und nur wegen der Wirtschaft — das fühl' ich jetzt erst, wo Du mir sagst, daß er jetzt von mir nix wissen will, weil ich ein Deserteur wär'! — Wer hat mich zu einem solchen g'macht als er?

Resi: Tu' Dich nit so aufregen, Jakob! — D'rüber reden wir später! Jetzt werd' ich trachten, daß ich Dir das Nötige verschaffen kann — — verlaß' Dich auf mich! Ich geh' gleich wieder z'ruck. Hab' wollen die Ferdi-Mahm heimsuchen, aber es wurd mir zu spät — und dann bin ich jetzt nimmer aufg'legt dazu — — Halt Dich nit z'viel da heraußen auf — — könnt' Dich leicht wer erkennen — — (Schaut ins Körbel.) Schad' — daß ich nix mithab' für Dich! Aber ich bring' Dir gleich morgen zeitlich früh mehreres herauf. Pfiat Dich Gott, jetzt Jakob! Sei nit zu viel ängstlich! Hoff' zu Gott, daß er uns beiden weiterhelfen wird. (Küßt ihn.) Pfiat Dich Gott jetzt! (Geht nach rechts.)

Jakob: Ich mein', der Herrgott hat Dich zu mir geführt! Er soll Dir's lohnen! (Ab hinter's Haus.)

7. Auftritt.

Pfarrer (vertritt am Waldrand Resi den Weg): Guten Abend, Resi!

Resi (erschrocken): Gott steh' mir bei! Bin ich jetzt erschrocken! Frei keinen Tropfen Blut hab' ich in den Adern! Guten Abend, Herr Pfarrer! — Geht der Herr Pfarrer so spät noch zu einem Kranken!

Pfarrer: Freilich soll ich zum Wegmacher! Er soll im Sterben liegen. Eine Lungenentzün= dung hat ihn aufs Stroh geworfen — da muß ich nach ihm sehen — — (Forschend:) Resi, gestehe offen: Der Bettler dort war kein wirklicher Bett= ler, sondern es war der Jakob!

Resi: Ach Gott! Herr Pfarrer, haben Sie Mitleid! — Ja, er ist's — ich hab' ihn bei Gott nur zufällig da getroffen — er hat mich um Hilfe angegangen — — ich hab' sie ihm versprochen. Er ist ein zu Tode gehetztes Wild! Wer weiß, wie lang er dieses Leben da in der Kälten aus= halten wird! Haben Sie Mitleid und zeigen Sie nichts an!

Pfarrer (ihre Hand fassend): Kind, weißt Du auch, daß es strafbar ist, über das Gesehene zu schweigen? — — Wenn Du als seine Braut dieses Geheimniß der Behörde gegenüber bewah= ren willst — gut! Aber ich als Pfarrer und Amtsperson darf es nicht.

(Jakob schleicht zum Hauseck und lauscht.)

Resi: Erbarmen, Herr Pfarrer! Erbarmen! Zeigen Sie ihn nicht an! Helfen Sie ihm! Er kann ja nichts dafür — seine Eltern — seine Eltern. — —

Pfarrer: Das hab' ich vom Anfang an gewußt! — Leider gibt es für mich keinen anderen Weg! — Mir wäre es lieber, ich wäre nicht des Weges gekommen. Aber der Wegmacher Wurl hat mich rufen lassen — — Nun muß ich aber doch früher zum Strengauer. Komm' mit, Resi! Ich will mit Dir unterwegs über die Sache sprechen — — will Dich aber unten mit keinem Wort erwähnen — wenn Du es schon haben willst — komm'! Die Zeit drängt und den Wurl darf ich auch nicht zu lange warten lassen — —

Resi: Aber Sie zeigen Jakob nicht an, Herr Pfarrer — nicht wahr?

Pfarrer: Ich tue, was mir mein Gewissen und die Gesetze befehlen. (Beide ab.)

8. Auftritt.

Jakob (nach kleiner Pause hervor, heiser vor Erregung): Er hat mich erkannt! — Ich bin verraten! Er wird mich anzeigen! — Der lutherische Pastor tut's, denn ich bin ja kein Lutherischer! — Da muß ich fort! Aber wohin? — Sie werden hier alles durchstöbern — da muß ich hinweg! — — Aber bis morgen muß ich bleiben. Die Resi weiß ja sonst nicht, wo ich bin und wohin sie mir das Essen bringen sollt' — auf sie muß ich dennoch warten — — der Simmerl braucht es am End' doch nit zu wissen, wo ich bin! — — Wenn sie kommen, werden sie

auch den Holzstoß untersuchen, den sie bislang
haben stehen lassen! — (Wild:) Aber wenn sie
mich noch früher ausheben wollten, dann stehe
ihnen der Herrgott bei! Ich werde mich nicht
ergeben! Diesmal werde ich kein Feigling sein!
(Eilt zum Fenster, reißt es auf, springt hinein —
kleine Pause — kommt mit einer alten Pistole
heraus.) Ganz wehrlos sollen sie mich nicht
haben! Das alte Erbstückel von meinem seligen
Großvater kann mich vielleicht noch retten, wenn
sonst nix mehr helfen sollt'! — Der alte Knacker
kracht noch teuflisch gut und sicher! (Steckt ihn
zu sich.) Ich lasse dich nimmer von meiner Brust!
Es ist ja alles eins. Wer den alten Bettler in
Ruh' läßt, dem tut er auch nichts. Jeder Wurm
wehrt sich, wenn er getreten wird. (Lacht halb=
wahnsinnig.) Hahahaha! Krieg ist auf der ganzen
Welt! Rundherum wird geschossen! In Rußland,
im Franzenland, in Serbien, in Italien — —
warum soll's bei uns nit auch einmal krachen in
Bergendorf? — Unsere Pöller krachen a guat
und treffen alles, was rundherum liegt und steht!
— Und hinter der Alm schießen die Wilderer —
's ist da auch kein Frieden — hahaha! Frieden!
Wo wär' denn heutzutag ein Frieden? — Ebba
in Hinterafrika bei den Wilden? — (Beginnt zu
summen: „Wann ich auf d' Alma geh', da laß
ich die Sorg' daheim") — Ein Blödsinn ist's!
Da laß ich die Sorg' daheim! — — Sie ist aber
nit daheim blieben! Sie schleicht mir überall nach
wie ein Gespenst! — Wer hat ihr's denn
g'schafft? — Und das Gespenst hat ein G'wehr
mit einem scharfen Bajonett bei sich! Allezeit
und überall ist's hinter mir! Es sitzt in der Luft,

es hockt da drinnen in dem zerfallenen Häusl,
hinten im Holzstoß — — Scher' dich zum Teufel,
du höllisches Gespenst! — Hörst nit? Zum
Teufel geh! Der ist dein seliger Bruder! (Sinkt
verzweifelt auf den Tisch und schläft ein. Kleine
Pause. Leise Musik beginnt. Es erscheinen
zwei Zwerge, tänzeln herum, ziehen ein Seil her=
vor und umwickeln Jakobs Glieder mit schaden=
frohen lustigen Grimassen, tanzen dann fort. Dar=
nach erscheint Resi im Sonntagsstaat, findet Ja=
kob gefesselt vor, will die Stricke öffnen, kann
es aber nicht, weicht in unheimlicher Angst zurück,
kniet betend nieder [passende Musik] und eilt
dann ab. — Die Zwerge tauchen wieder auf und
befreien Jakob tanzend von den Stricken, ver=
schwinden.) (Jakob reckt seine steifen Glieder,
es schüttelt ihn.) Kalt ist's, kalt ist's! — Tot und
ausgestorben überall! — Bin ich da angebunden
oder hat's mir bloß geträumt? — Brrrr! —
Ich steig' doch lieber ins Haus, da pfeift der
Wind doch nicht so hindurch wie beim Holzstoß.
(Steigt durchs Fenster.)

9. Auftritt.

(Zwei Bauern nach kleiner Pause von rechts
kommend.)

Erster Bauer: Es ist etwas los. Der Pa=
stor und der alte Strengauer stecken in der Anna
ihrem Hause beisammen — die Boten fliegen hin
und her — — und der Gustav ist auch mit einem
Extraschlitten angekommen.

Zweiter Bauer: Wer hätte das früher für
möglich gehalten, daß sich der Pastor und der

streng katholische Strengauer so gut befreunden
würden!

Erster Bauer. Was die Zeit nit alles
vermag!

Zweiter Bauer: Und der Krieg!

Erster Bauer: Wohl! Und der Krieg! —
Aber vom Jakob ist noch immer keine Spur zu
finden! Die arme Resi weint sich die Augen
aus um den Feigling.

Zweiter Bauer: An dem ganzen Unglück
sein die alten Strengauerleut' allein schuld! Die
sollt' man strafen! — Aber eigentlich sind sie
eh schon gnua gestraft: 's Haus ist verschüttet
und sie müssen beim Lenz-Schwiegersohn Unterstand nehmen. — Hiazt noch das Malör mit dem
Jakob, der die ganze Verwandtschaft in Unehr'
'bracht hat.

Erster Bauer: Meiner Treu' auch! Im
ganzen Bezirk hat man nichts von einem Deserteur gehört als g'rad bei uns da im Strengauerhof. Unsere ganze Gemeinde muß sich schamen
drüber.

Zweiter Bauer: Du schau' einmal: Da
kommt ein voller Menschentrupp g'rad auf uns
zu — — eine Kommission oder so was — wahr-
scheinlich wegen der Lawine daher — — wollen
vielleicht den Schaden abschätzen.

Erster Bauer (lugend): Na, na, mein Lieber! Das sein die Strengauerischen selber — aber
zwei Soldaten sind auch dabei.

Zweiter Bauer: O je! Die wollen wieder
einmal das Haus absuchen! Haben's eh schon

zehnmal über und überdreht. Gehen wir! Sonst können wir auch noch als Zeugen mit aufs G'richt laufen — für was und nix! (Beide ab.)

10. Auftritt.

(Strengauer, sehr angegriffen, Pfarrer, Gustav, als Offizier, mit dem eisernen Kreuz und einem verbundenen Auge und einem Stock, Resi und Frau Strengauer, von rechts kommend. Zwei Soldaten im Hintergrunde bleibend.)

S t r e n g a u e r (vorm Haus stehend): Also da sollt sich mein Bub' aufhalten! Das ist doch unglaublich, wo wir doch alles weggeräumt und nichts gefunden haben!

P f a r r e r: Die Resi wird ihn uns hervor= rufen. Also Resi versuch's!

S t r e n g a u e r: Versuch's nur! Wir müssen ihn befreien und gilt's was immer!

R e s i (geht hinter's Haus und singt zitternd): „Wann ich auf — — —" (Stockt.)

(Alle lauschen gespannt. — Pause.)

R e s i (hervor, enttäuscht): Sonst ist er gleich bei diesem Lied erschienen! (Ruft zurück:) Jakob, wir sind da! Ich, Deine Resi, Dein Vater, Deine Mutter — — komm' hervor — wir wollen Dir ja helfen! (Pause.)

P f a r r e r: Es rührt sich nichts! Wäre er am Ende doch ausgerissen! Ich habe ihn doch hinter's Haus gehen sehen.

(Soldaten treten näher.)

S t r e n g a u e r (zu ihnen): Er soll sich unter'm Holzstoß verborgen gehalten haben!

Erster Soldat: Ahhh! Sooo! Na ja, da konnten wir lange suchen! (Geht zurück. Man hört den Stoß umfallen. — Soldat kommt hervor.) Ja — ein Nest war schon drinnen — aber es ist leer! Zum Teufel nochmals!

Zweiter Soldat (zu Strengauer): Sperren Sie das Haus auf. Es muß alles gründlich durch= sucht werden!

Strengauer (gibt Resi den Schlüssel): Da hast, Resi! Geh' mit dem Soldaten hinein und zeig' ihm die Räume alle!

Resi (sperrt seufzend auf): Jakob, Jakob, bist Du drinnen? Stell' Dich doch selber! (Pause.)

Jakob (erscheint durch's Dachfenster, even= tuell am unteren Fenster): Ihr wollt mich durch= aus haben! Ihr wollt mich in den Kerker brin= gen! Das soll euch aber nit g'lingen! — Ich bin alleweil ein ehrlicher Mensch g'wesen. Der Herrgott verzeih' euch allen! — Resi, pfiat Dich Gott! (Er erschießt sich und fällt in den Schnee.)

(Frau Strengauer fällt weinend um Streng= auers Hals.)

Pfarrer (feierlich): Der Herr verläßt den Schwachen und stützt den Starken! (Reicht Gu= stav die Hand, ihn als den Starken kenn= zeichnend.)

(Vorhang fällt.)